세계여행 작가와 함께 떠나는 역사 여행

미완의 여정

김현규 지음

한솜미디어

▲ 고구려의 발상지 오녀산성　▼ 청태종의 무덤(소릉)

▲ 오녀산성 구들 ▼ 천지

▲ 혼강

▼ 오녀산성 사적진열관

▲ 배총

▼ 장군총(장수왕릉)

▶ 고구려 채석장 터

▲ 광개토 호태왕비

▼ 광개토 호태왕릉과 제단 터

▲ 광개토 호태왕비

▲호태왕릉 내부

▲광개토 호태왕릉 입구

▼ 환도산성 장대

◀ 산성하 고분군

◀ 국내성의 치

◀ 국내성 서벽

"여행이란 복잡한 일상에서 훌훌 벗어나…"

이 세상은 나와 타인이 관계를 맺으며 살아가기 때문에 매일매일 문제에 부딪히게 된다. 마찬가지로 사람의 욕망과 이상도 어느 한계에 도달하면 좌절하고 때로는 삶과 인생에 지치기도 한다.

바쁜 삶에 소진된 에너지를 재생성하기 위한 방법에는 여러 가지가 있지만 우선 여행을 권하고 싶다. 여행이란 복잡한 일상에서 훌훌 벗어나 한 번쯤 빠져보고 싶은 이상향이다. 그런데 여행지에서 여행자들이 느끼는 특징과 뉘앙스가 천차만별이다. 그래서 이번에는 일곱 편의 여행기를 역사 이야기와 곁들여 독자에게 선보이기로 하였다.

블라디보스토크에서는 1990년 수교 이후 개방된 러시아에서 발굴된 독립운동가들의 삶을 재조명해 보고자 하였다. 그래서 4월 참변과 자유시 참변, 안중근과 이상설, 그리고 최근 국내에 알려진 최재형과 김경천이란 인물에 대해 다루었다.

최재형은 한국 독립운동가의 재정적 원조의 대부로 안중근 의사의 의거를 가능케 하였던 분이고, 이에 반해 김경천은 '선구자'와 이육사의 '광야'의 주인공으로 일본 육사 기병과 출신의 의병 장군이다. 김경천 장군은 1920년대 연해주에서 백마를 타고 선두에 서서 일제를 무찌르는 이미지로 유명하다. 이 책에서는 그의 독립운동을 일제의 시베리아 출병과 그 시기에 일어났던 4월 참변, 자유시 참변과 연관 지어 설명하였다.

백두산 여행기는 이전과 달리 백두산이 최근에 한족들의 관광지가 된 것에 대한 놀라움과 경계심을, 그리고 두만강을 유람하면서 본 탈북자 루트의 현실을 접하고 그 비통함을 적었다.

미얀마 여행기는 세 왕조의 역사를 곁들여 파고다에 대해 설명하였다. 여기서 우리는 미얀마의 옛 탑 분위기에 흠뻑 빠져보는 묘미를 맛볼 수 있을 것이다.

내몽고에서는 지금 급부상하는 중국을 병자 · 정묘호란을 일으킨 청나라의 부상과 빗대었다. 지금의 정세가 그 당시와 유사하여 광해군의 동북아 정세 정탐과 대처능력이 오늘날 더욱 절실히 필요함을 역설하였다.

하롱베이에서는 베트남 역사를 곁들여 닌빈, 땀꼭, 문묘, 환검호수 등을 소개하고, 선상유람을 통해 하롱베이의 서정적인 분위기에 빠져보는 편안한 안식처를 제공하였다.

동북공정은 이 책의 핵심으로 10년 전에 쓰였지만 모친을 여의는 바람에 미완성이었다. 그러나 읽을 때마다 시사해 주는 점이 많아 나 자신조차 새삼스레 놀란다. 지난해 5월 1일, 중국이 지안 박물관을 재개관하는 등 동북공정은 지금도 진행 중이고 유효기간이 없기 때문이다.

여기서 저자는 중국에서 동북공정이 등장하게 된 배경과 목적을 분명히 밝히고 고구려사가 중국사라고 주장하는 그들의 5가지 견해를 반박하였다. 서문에서 먼저 우리나라 역사 왜곡의 주체 세력을 살펴보고 단대공정, 탐원공정, 그리고 동북공정이 등장하게 된 요인인 난하와 요하지역의 홍산문화에 대해 심층 분석하였다.

그리고 차후 또는 통일 이후에 있을 중국과의 영토분쟁을 서남·서북공정 등 그들 소수민족의 분리 억제운동과 연관 지어 해결책을 제시하였다. 그 예로 간도, 청과의 국경회담, 레지선, 토문강에 대해 자세히 고증하였다. 이것은 지금 영토분쟁의 격랑이 이는 동북아 정세에 대처하기 위해 반드시 알아야 한다.

오키나와에서는 서문에서 조선과 유구국의 교류관계를 살펴보고 삼별초와 홍길동의 도래를 제시하였다. 그리고 해상 중계무역으로 번영하며 평화를 누려온 유구국이 일본의 침략으로 합병되고 그 이후 태평양 전쟁 때 최초의 지상전으로 일본 대신 전쟁의 참화를 겪은 실상을 파헤쳤다. 여기서 우리는 오키나와인들에게 동병상련을 느낄 것이다.

일곱 편의 여행기가 독자제현의 각 나라 해당 지역의 여행에 도움이 되길 바라며 또한 독자 여러분의 역사적 지식의 빈자리를 충분히 채워줄 것으로 믿는다.

저자 김현규

머리말/ 9

제1편 블라디보스토크 여행기
연해주에 울려 퍼진 아리랑/ 16

제2편 백두산과 두만강 유람
한민족의 슬픈 엑소더스/ 48

제3편 불탑의 나라 미얀마 여행
소중한 인연/ 60

제4편 베트남 북부 여행기
하롱베이의 뱃놀이/ 92

제5편 내몽고 여행기
변화와 각오/ 124

제6편 고구려의 성지 오녀산성 답사기
동북공정(東北工程) — 고구려의 혼을 찾아서/ 144

제7편 오키나와 여행기
유구국의 역사와 풍물/ 236

제1편

블라디보스토크 여행기

연해주에 울려 퍼진 아리랑

2011년 7월 10일

동해항 국제 여객터미널에서 2시에 DBS 이스턴 드림호에 승선하였다. 1시간 뒤 배가 출항하기 시작하였다. 나는 다인실에 있다가 바람을 쐬기 위해 갑판으로 나왔다.

11년 전 금강산에 갔을 때도 이 배를 탔다. 난생처음 북한에 가는 것이라 마음이 들떠서 그랬는지 그날 밤 잠 한숨 못 이루었던 기억이 되살아났다. 저 하늘은 그때의 내 심정을 아는지 모르는지 눈물 같은 비를 부슬부슬 바다에 뿌리고 있었다. 아마 저 바다의 깊이는 알아도 내 마음속은 헤아리지 못할 것이다. 독립투사의 발자취를 답사하러 가느라 얼마나 설레는지, 또한 4년 전 어머니마저 돌아가신 후 떠나는 첫 여행이라 얼마나 슬픈지를. 그래서 나도 하늘처럼 이 바다에 슬픔과 기쁨의 눈물을 동시에 뿌려야 할 것 같은 심정이었다.

6시에 저녁을 먹은 후 다시 갑판에 나왔다. 시간이 지나면서 배의 속도는 점차 빨라졌다. 바람이 세차게 불어와 옷깃을 스치며 지나갔다. 배가 육지에서 멀어지자 안개와 구름에 뒤덮여 산들이 희미해져 실루엣처럼 보였다. 내가 떠나온 집은 오늘밤 불 꺼진

채 적막감에 휩싸여 있을 것이다. 그러자 갑자기 외롭다는 생각이 들었다. 그래서 어둠이 밀려들 때까지 한동안 그 실루엣의 형상 속에 빠져 있었다.

7월 11일

6시 30분에 아침식사를 마치고 갑판에 나왔다. 사방이 짙은 안개에 덮여 있어 시야는 10m 앞을 분간하기 어려웠다.

바다는 파도가 일지 않아 잔잔했다. 그런데 어제 소란스럽던 종교단체가 오늘은 갑판에 둘러앉아 예배하고 찬송가를 부르고 있기에 복잡함을 피해 조용한 곳으로 자리를 옮겨 바다를 만끽하였다.

8시에 안개가 걷히고 수평선이 모습을 드러내기 시작했다. 잠잠했던 물결이 꿈틀거리며 출렁이는 동작을 반복하였다. 11시경이 되자 육지인지 섬인지 희미한 물체가 눈앞에 보이기 시작했다. 나는 망망대해에서 긴 항해에 지친 로빈슨 크루소처럼 반가워 마음속으로 '육지다' 하고 외쳤다. 앞쪽이 섬이고 그 뒤가 육지인 것 같았다.

그때 방을 함께 썼던 블라디보스토크 사업가가 '앞에 현수교(블라디보스토크 대교)가 들어선 섬은 내년 9월(2012년 9월) APEC가 개최될 루스키 섬'이라고 말해 주었다.

시간이 지남에 따라 블라디보스토크(동방을 정복하라는 뜻) 시내 전경이 서서히 모습을 드러내기 시작했다. 이윽고 배가 항구에 들어섰다. 항구에 정박해 있는 선박, 함선, 크레인 등이 도시의 활기찬 모습을 보여주었다.

1시에 하선하여 나오자 김주희 사장, 송성훈, 백성웅 씨가 일행

▲ 잠수함 박물관

을 맞이하였다. 서울에서 블라디보스토크 간 시차가 2시간이라 버스에 탄 다음 시계를 2시에서 4시로 조정해 놓았다. 그런데 송성훈 가이드가 거주자 등록 요건 때문에 여권을 한데 보관해야 한다며 모두 걷어갔다. 이 일로 인해 나는 마지막 날 큰일을 겪을 뻔했다.

5분 뒤 잠수함 박물관에 도착하였다. 일행은 여자 3명과 이돈형 회장님, 그리고 그의 고교 동창들이었다. 잠수함 박물관은 C-56 잠수함 내부를 개조하여 1982년 박물관으로 만든 것이다. C-56 잠수함은 제2차 세계대전 때 첫 출정하여 독일함대 10척을 격파해 승리했다고 한다. 안에 들어가서 함장의 방과 2층으로 된 8개의 침대가 있는 수병의 방과 전시된 어뢰모형 등을 보고 나왔다.

잠수함 박물관 옆에는 꺼지지 않는 불꽃이 타오르고 있었다. 이 영혼의 불꽃은 2차 대전 때 전사한 소련 군인의 영혼을 기리기 위한 것으로 가스로 땐다고 한다.

곧이어 러시아 정교회의 작은 예배당 '흐람'과 개선문을 관광했다. 이 개선문은 시베리아 횡단열차 개통 때 니콜라이 2세의 방문 기념으로 만든 것이라고 한다.

시내를 걸어가면서 태평양 함대 사령부와 군함들을 보았다. 왼

▲ 블라디보스토크 중앙광장

쪽에는 1872년에 러시아가 건설한 태평양 함대 기지가 있었다. 거리 곳곳에 2012년 APEC 행사를 준비하는 공사현장이 자주 눈에 띄었다.

시내 중심가에 있는 중앙광장(혁명광장)에는 깃발과 나팔을 든 병사의 동상이 세워져 있다. 1917년 러시아에서 혁명이 일어나 로마노프 황제를 폐하고 1917~1922년에 소비에트 연방이 성립되었다. 이 동상은 페테르부르크에서 혁명이 일어난 것을 기념하여 세웠다고 한다. 동상에는 '1917~1922년 극동에서 소비에트 정권을 이끈 투사'라고 쓰여 있다. 나는 동상 앞에서 기념사진을 찍고 나왔다. 중앙광장 옆에는 연해주 정부 종합 청사(화이트하우스 벨르이돔)가 있다.

블라디보스토크는 면적이 약 600㎢이고 인구가 62만 명이다. 하지만 중국, 북한의 불법 체류자들을 합치면 이보다 더 많다. 도시 형태로 볼 때 산과 언덕이 많아 부산과 비슷하며 인구의 대부분이 수산업, 군수업, 무역업에 종사하고 있다. 1990년 10월 한·러 수교 후 개방하여 현재 한인 300여 명이 거주하고 있다.

또한 수교와 더불어 이곳에서 활약한 독립운동가들의 일대기도 공개되었다. 블라디보스토크 역 인근에 극동 문서 보관소가 있다. 이곳에 유인석, 최재형 등 독립운동가에 대한 자료와 대동공보, 해조신문 등 한국 독립운동에 관련된 문서가 보관되어 있는데 그중 일부가 공개된 것이다.

15분 뒤 해양공원(Amursky Zalip)에서 내렸다. 이곳은 옛 한인의 개척리 터(카레이스카야)였다고 한다. 개척리는 1874년에 형성된 한인 최초의 정착 마을이다. 20세기 초 이곳에서 항일 독립운동의 광풍이 매섭게 몰아쳐 당시 일본을 곤혹스럽게 하였다고 한다.

6시에 푸슈킨 극장(박물관)에 도착했다. 이 건물은 지은 지 100년 되었다고 한다. 박물관 안에서 푸슈킨의 유품들을 본 다음 극장에서 아베마리아 노래와 집시 공연을 관람하였다. 그리고 무도회 춤을 연습하고 나서 짧은 공연은 러시아 공연단의 아리랑 노래 합창으로 끝났다.

6시 50분에 해물탕으로 저녁식사를 하고 블라디보스토크 호텔에 숙박하였다. 나는 방에 들어와 내일 일정을 생각하며 일찍 잠을 청했다.

7월 12일 화요일

호텔에서 뷔페 식사 후 버스에 올랐다.

기사에게 다가가 인사하자 그도 "즈드라스트 부이째(안녕하세요)" 하고 인사말을 건넸다. "스파시바(감사합니다)." 나는 다시 러시아어로 인사했다.

9시 30분 신한촌에 도착하였다. 신한촌 기념비 탑 앞에서 김주희 씨가 설명하였다.

우리 민족의 첫 연해주 이주는 1863년 함경도에 흉년이 들어 13가구 60명이 연해주 지신허(포시에트 부근)에 오면서 시작되었다. 함경도 무산의 농민 최운보와 경흥의 최봉준이 지신허에 정착하였고 다음에 한인들이 연추마을로, 1868년 8월에는 블라디보스토크로 이주하였다. 그리하여 1874년 블라디보스토크항 인근 해안가에 한인 최초의 정착 마을인 개척리를 건설하였다.

1911년 개척리에 콜레라가 유행하였다. 러시아는 그 원인이 한인 때문이라며 개척리 북쪽 3~4㎞ 거리의 야산으로 한인들을 강제이주시키고 개척리 터에 러시아 기병대 숙소를 지었다. 추방된 한인들은 이곳에 정착하여 신한촌을 건설하였다. 그리하여 개척리와 신한촌은 구한말에서 1922년까지 항일운동의 거점이 되었다. 또한 1932년 9월 9일, 신한촌에 고려인 음악극장이 개관되는데 1937년 중·일 전쟁 직후 스탈린의 강제이주 정책으로 이 마을도 사라지고 말았다.

강제이주의 이유는 끈질기고 용감한 한국인들의 독립 요구를 차단하기 위해서 또는 일본과의 전쟁이 벌어질 경우 한국인이 일본 편에 설 것을 염두에 두었기 때문이라고 한다. 그러니까 신한촌 이주는 고려인의 1차 강제이주였던 것이다. 숙연한 분위기 속에 아리랑 노래가 귓가에 구슬프게 들려오는 듯했다. 지금 이곳엔 고려인 음악극장이며 마을은 흔적조차 없다. 오직 아침 이슬에 젖은 짙푸른 풀잎만이 세월의 무상함을 느끼게 했다.

▲ 안중근 기념비

신한촌 기념비는 1999년 8월, 3·1 운동 80주년을 기념하기 위해 세워졌다. 기념비는 3개의 큰 기둥과 8개의 작은 돌로 이루어져 있다. 3개의 큰 기둥 중 가장 큰 것은 남한, 그 다음이 북한, 세 번째가 고려인을 상징하고 있다. 9시 50분 신한촌 기념비 앞에서 묵념하고 버스에 올랐다.

10시에 안중근 기념비에 도착하였다. 이 기념비는 개척리에서 활약한 안중근 의사를 기념하기 위해 2002년 블라디보스토크 주립 의과대학 교내에 건립하였다.

안중근(1879~1910)은 해주 출신으로 1906년 평안남도 진남포에 삼흥학교를 설립하고 돈의학교를 인수하여 학생들을 가르쳤다. 그러나 1907년 일제가 헤이그 사건을 트집 잡아 고종을 강제 퇴위시키고 정미 7조약(한일 신협약)을 체결하여 군대를 해산했다는 소식을 듣고 블라디보스토크로 망명하였다.

개척리에 도착한 안중근은 최재형이 이끄는 항일의병 조직인 '동의회'에 참여하여 평의원이 되었다. 1908년 6월, 그는 의병들을 이끌고 국내에 진입하여 함경북도 경흥군에 주둔한 일본군 수비대를 격파하였고, 7월 7일에는 대한의군 참모중장이 되어 최재형의 동의회와 이범윤의 창의회 등 최신 소총으로 무장한 의병

200명을 이끌고 두만강 연안의 경흥·신아산을 기습하였다. 그는 일본군 수비대를 모두 무찌르고 사로잡은 10명의 포로들을 만국공법에 따라 인도적으로 석방한다. 그러나 3차 회령전투에서는 석방된 포로들에 의해 위치가 알려진 데다 5천 명의 적을 만나 패하였다.

그는 이때 의병이 통신과 정보망을 갖춰 조직화되고 증강된 일본군과 싸우는 것이 불가능함을 깨닫게 된다. 그래서 이듬해 1909년 2월 7일 연추하리(크라스키노)에서 자신을 포함한 12명의 의병이 모여 넷째 손가락을 잘라 단지동맹을 맺고 비밀결사 조직인 동의단지회(同義斷指會)를 만든다.

그해 9월 안중근은 〈대동공보(大同公報)〉를 통해 이토가 러시아 재무장관 코코프체프(Kokovsev)를 만나러 하얼빈을 방문한다는 소식을 알게 된다. 그는 대동공보사에서 의거를 결심하고 최재형을 만나 구체적인 계획을 세웠다. 그리하여 우덕순과 함께 하얼빈으로 가서 채가구와 하얼빈 역에서 거사하기로 하였다. 우덕순과 조도선이 채가구에서 실패하자 안중근은 10월 26일 하얼빈 역에서 브라우닝 권총으로 3발을 쏘아 이토를 사살하고 "꼬레아 우라(대한국 만세)"를 외쳤다.

당시 하얼빈은 조차지(租借地)로 러시아의 영향하에 있었다. 이 때문에 최재형은 재판이 러시아 법정에서 열릴 줄 알고 그를 위해 변호사까지 선임해 놓았다. 그러나 일제의 흉계로 재판권이 일본으로 넘어가 일본인 판사에 의해 사형선고를 받는다. 이듬해 3월 26일, 안중근은 여순 감옥에서 일제에 의해 사형당하였다. 오랜 세월이 흐른 뒤 1962년 안중근 의사에게 대한민국 건국훈장이 수여되었다.

안 의사의 의거에 대해 중국의 위안스카이는 애도하는 시를 지어 바쳤다. 또한 센다이 대림사 대웅전에 그의 어록 '위국헌신 군인본분(爲國獻身 軍人本分)'을 새긴 비석이 있는데 이는 안중근의 간수였던 지바 도시치가 그를 기리어 세운 비석이다.

나는 항일 독립운동의 영웅 안중근 의사의 숭고한 애국정신과 희생에 고개가 절로 숙여졌다. 항소도 않고 사형장에서 의연히 순국한 그가 옥중에서 쓴 「동양평화론」은 만고에 길이 빛날 것이다.

안중근 기념비에서 발길을 돌릴 즈음 그의 죽음을 슬퍼하듯 비가 내리기 시작하였다. 독수리 전망대(191m)에 도착하자 비가 심하게 퍼부었다. 그래서 시내를 조망하지 못하고 비를 맞으며 키릴로스와 메토디오스 형제 동상 앞으로 갔다.

키릴(Cyrill) 주교와 메토디오스는 체코 지역에 동방정교를 선교할 계획을 세운다. 그래서 그들은 855년 글라골 문자를 만들어 성서를 번역하였는데 이것이 러시아 문자의 기초가 되었다고 한다. 키릴 문자는 현재 불가리아, 러시아, 아제르바이잔, 몽골 등에서 사용하고 있다.

전망대 아래에 있는 기념품 가게에 들어가 보니 빗과 마트료시카 인형 등을 팔고 있었다. 그래서 빗을 산 다음 러시아 정교회로 갔다.

980년 러시아의 블라디미르 공은 정복활동에 나서 키예프를 정복하였다. 그는 키예프공국의 군주가 되어 이들을 다스리기 위해 이교를 장려하였다. 그러나 현세지향적인 키예프인들을 다스리기 어려웠다. 그리하여 988년 그는 비잔틴 제국으로부터 그리스 정교를 받아들여 슬라브 민족의 통합에 힘썼다.

정교회에서 10분 거리에 아르세니예프 박물관이 있다. 이 건물은 1906년에 지어져 상업은행 건물로 사용되다가 탐험가 아르세니예프를 기념하기 위해 1945년에 박물관으로 개관하였다. 이곳에 한국 독립운동에 관련된 사진도 전시되어 있다.

나는 100루블(4천 원)을 내고 사진 촬영권을 샀다. 박물관에서 소총, 훈장 등을 본 다음 고구려·발해 계통의 토기, ㅁ자 구멍이 뚫린 동전, 반가사유상, 고구려 사신도와 등자, 최재형 등 독립운동가의 사진과 일본 무사도 등을 보았다.

그런데 유물들 중 우리나라 국립중앙박물관과 일본 고류사의 반가사유상처럼 머리에 삼산관(연화관)을 쓴 금동

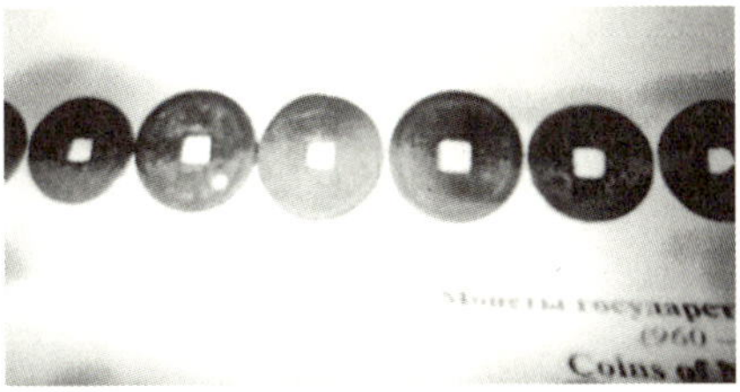

▲아르세니예프 박물관에 전시된 화폐

▲ 아르세니예프 박물관에 전시된 반가사유상

반가사유상을 보고 놀라움을 금치 못하였다. 연해주에서 발견된 이 불상이 신라와 고구려 혹은 발해와 교류관계라든가 이들 세 나라의 문화적 동질성을 보여주고 있기 때문이다. 아르세니예프 박물관에 소장된 반가사유상의 은은한 미소와 깊은 명상에 잠긴 듯한 모습에 나 자신이 몰입되어 숨소리조차 멎는 듯했다.

1시에 식사한 다음 우스리스크에 가기 위해 블라디보스토크 역으로 갔다. 가다가 역 맞은편 스베틀란스카야 거리에 서 있는 레닌 동상을 보았다. 블라디보스토크 역은 코바로프(Kovalov)가 1907~1912년에 설계하고 건축하였다. 이 역은 1903년에 완공된 시베리아 횡단철도의 동쪽 기점이다. 이곳에서 모스크바까지 거리가 9,288km(9,301km)이고 가는 데 보름이 걸린다.

9288 숫자가 부착된 거리 기념탑과 전시된 기차 앞에서 사진을 촬영한 다음 1시 45분에 횡단열차를 탔다. 그런데 열차 좌석이 나무의자라 불편해서 우스리스크까지 112km를 다 가지 않고 1시간 뒤에 내려서 나머지 구간은 버스로 이동한다고 한다. 그래서 라즈돌리노예 역은 들르지 못하였다.

▲ 레닌 동상

나는 일행인 유경희, 김선애, 송계정 씨와 함께 마주 앉았다. 그리고 지나가는 상인에게 아이스크림을 4개 사서 함께 먹었다. 2시 40분에 우골나야 역에서 내려서 버스로 갈아탔다.

길 양쪽으로 자작나무숲이 펼쳐져 있어 주변의 경치가 매우 아름다웠다. 이곳은 원래 고구려의 책성(훈춘) 부근

으로 발해시대에는 솔빈부에 속했다. 게다가 고려 때는 선춘령으로 북동 9성과 고려 경계비가 세워졌던 곳이기도 하다. 고대부터 숙신(읍루), 말갈족과 함께 터를 잡아 살아온 우리 땅이었는데 가도 가도 끝없는 이 드넓은 땅이 지금은 러시아 것이라니….

▲ 횡단열차 거리 기념탑에서

러시아는 1856년에 러시아인이 블라디보스토크를 발견했다고 한다. 우리 민족의 터전을 유린하고 터무니없게 자신들이 발견했다는 것은 그 당시 조선이 힘없고 한심한 나라였기 때문이다.

19세기 중엽 동진한 러시아는 청을 압박하고 아이훈 조약(1858

▲ 전시된 시베리아 횡단열차

년)을 맺어 아무르 강까지 진출하였다. 그리고 애로우호 사건으로 인한 청의 혼란한 정세를 틈타 베이징 조약(1860년)을 체결하고 연해주마저 넘겨받았다. 이듬해 러시아 군인이 두만강에 경계비를 세우자 그때서야 경흥부사 이석영이 조선 정부에 보고하지만 이마저 묵살된다. 그래서 연해주는 아무런 저항도 못해 보고 러시아가 차지하게 되었다. 세계정세에 무지하고 나약한 조선은 영토 분쟁에 있어서 철저히 소외된 것이다.

지금 연해주에는 한국기업이 들어와 농장을 운영하고 있다. 그 예로 '아그로 상생'은 토지 2억 평을 임대받아 17개 농장을 운영하여 콩, 벼 등을 재배하고 사슴을 기르고 있다.

우스리스크에 도착한 후 먼저 고려문화센터로 갔다. 우스리스크(늪지대라는 뜻)는 인구 10만의 도시로 그중 고려인이 3만 명 정도이다. 1937년 중앙아시아로 강제이주했던 고려인의 후손들이 구소련 해체 후 돌아와 우정마을에 모여 살고 있다. 이들은 주로 감자 농사를 지으며 살아간다고 한다.

4시 40분, 고려인의 공연이 시작되었다. 먼저 아리랑 가무단이 나와 아리랑 가락에 맞추어 부채춤을 선보였다. 이어 분홍색 한복을 입은 두 여자가 아리랑에 맞춰 춤을 추었다. 지금 중국은 조선족 문화란 이유를 들어 아리랑을 중국 문화유산으로 지정하려고 한다. 하지만 아리랑은 그 원류가 한반도로 우리 민족의 혼과 얼이 담긴 노래이다.

카세트에서 흘러나오는 아리랑 가락이 정겨우면서도 구슬프게 들렸다. 강제이주라는 고통과 참혹한 체험을 겪은 한 맺힌 감정의 표현이었을까. 앞서 러시아인이 공연한 것보다 우리 동포가

▲ 고려인 문화센터

부르는 노래가 가슴에 절절이 와 닿았다. 그 가락이 애절하여 우리 모두 깊은 감회에 젖어들었다. 나는 눈물을 닦으며 아리랑이 연해주 곳곳에서 불리길 바랐다.

아리랑 춤이 끝나고 두 남자의 북치기 공연이 이어졌다. 그리고 가야금 연주와 쾌지나 칭칭 나네, 돌아와요 부산항에, 소녀의 칼춤을 끝으로 5시에 공연이 끝났다. 공연 관람 후 고려인 역사관으로 이동하였다.

'조선 후기인 1863년 함경도 농민 13가구가 이주하면서 고려인 이주역사가 시작되었다….'

5시 30분에 고려인 역사관에서 나와 이상설 유허비와 최재형 저택으로 향했다. 수이푼 강가에 이르기 전에 교통사고가 나서 도로가 정체되었다. 게다가 수영복 입은 여자들까지 공원에서 펜스를 넘어와 구경하는 바람에 도로가 몹시 혼잡하였다. 그래서 일정 순서를 바꾸어 최재형 저택을 먼저 보기로 했다.

후진한 다음 버스가 유턴하여 오던 길로 되돌아갔다. 최재형 저택에 도착할 때까지 가이드가 차가버섯(북극 혹한 지역에 자라는 자작나무에 침투해 수액을 흡수하여 자란다는 버섯으로 당뇨, 암 예방에 좋다고 함)에 관한 이야기를 해주어 좀 전에 보았던 자작나무숲을 떠올렸다. 차가버섯은 러시아 작가 솔제니친이 겪은 체험을 바탕으로 쓴 소설 『암병동』을 통해 유명해졌다고 한다.

어느덧 버스는 보로다르스카야 38번지에 들어섰다. 최재형 저택은 그가 죽기 전까지 1년간 살았던 집으로, 안중근은 하얼빈으로 거사하러 가기 전에 이곳에 머물렀다고 한다. 현재는 러시아인이 살고 있는데 정부에서 매입하려 해도 안 판다고 한다.

우리나라의 해외 독립운동은 초기(한·일 합방 이전)에 간도와 연해주 지역을 시작으로 후기에 만주, 상해 지역으로 전개되었다. 상해에 김구 주석과 이봉창, 윤봉길 의사가 있다면 연해주에는 최재형 선생과 안중근, 김경천 장군이 있다. 특히 최재형 선생을 빼놓고 독립운동을 논할 수 없다. 그는 『해조신문』을 창간한 최봉준과 쌍벽을 이루는 거부로 당시 한인사회의 지도적 인물이었다. 안중근은 법정에서 일본인 판사가 암살배후를 묻자 혼자 했다고 끝까지 주장하였는데 그 베일에 가려진 인물이 바로 최재형이다.

최재형(최표트르 : 1858월 1월 20일~1920월 4월 7일)은 그의 딸 최올가가 쓴 자서전 『나의 삶』에 의하면 함경도 경원에서 노비의 아들로 태어났다. 그는 1869년 기근으로 아버지와 형 알렉세이를 따라 연해주 지신허 마을로 이주하였다. 그러나 1871년 배고픔을 참지 못

▲ 최재형 저택

해 가출한다. 그때 포시에트 선착장에서 러시아 선장 표트르 세묘노비치 부부를 만나 이들의 도움으로 러시아 학교에 다니게 된다.

1884년, 연추-라즈돌리노예 구간에 200km 도로가 건설되었다. 이때 그는 한인 노동자들을 위해 러시아 통역원으로 근무하였다. 1880년대 후반 연추(크라스키노)가 군사도시로 성장하여 보병 1만 명 이상이 상주했다. 그는 군납 독점권을 따내 한인들을 고용하여 러시아 군대에 소고기를 납품, 연간 10~15만 루블을 벌어들였다. 이 금액은 당시 러시아 노동자 임금의 1만 배나 되는 돈이라고 한다. 거부가 된 그는 도로를 건설하고 한인학교를 세운다.

1893년 35세 때 그는 연추(煙秋) 즉, 노우키에프스크(지금의 크라스키노)에서 한인마을의 노야(老爺, 촌장)를 하다 한인 최초로 연추의 도헌(都憲, 우리나라의 군수)이란 지방장관이 되었다. 그리하여 1896년 니콜라이 2세 대관식에 초대받아 연해주 대표로 참석하여 황제를 알현하고 예복을 하사받았다. 도헌 재직 시에는 연 3천 루블의 봉급을 은행에 예치하여 그 이자로 매년 교포 학생 1명을 페테르부르크에 유학 보냈다.

1904~5년, 러 · 일 전쟁 때는 해군 소위로 임명되어 통역관으로 근무하였다. 이 전쟁으로 일본은 사할린 남부를 차지한다.

1908년, 간도 관리사 이범윤이 찾아오자 군자금을 지원하고 의병을 모아 그들에게 군복과 숙식을 제공하였다. 그리고 러시아 군대와 친분을 쌓고 무기상인을 통해 소총을 사들여 의병들에게 공급하였다. 이 과정에 그는 자금 1만 루블을 들여 의병들을 재정적으로 지원하였다. 이를 토대로 항일무장 의병 단체 '동의회'를 조직하고 총장이 되었는데 안중근은 이 조직의 핵심인물이었다. 그리하여 1908년 6월과 7월 7일 정예 의병 200명이 국내에 진입하여 경원, 신아산 등을 공격해 일본군 수비대를 모두 격파했다.

국내에서 화승총 등 구식 소총으로 싸우다 지리멸렬했던 의병들의 활약과 달리 이 변화된 전투력은 최재형의 최신식 무기 지원 때문에 가능했다. 블라디보스토크 시내가 내려다보이는 곳에 요새 박물관이 있다. 여기에는 1900년대 초기에 사용된 러시아 대포, 포탄, 소총, 권총 등 총기들이 전시되어 있다. 그중 모신 소총은 사거리 550m로 2차 세계대전까지 사용된 러시아의 주력소총이었다고 한다. 이처럼 이전과 달라진 의병들의 전투력에 놀란 일본이 러시아에 항의하여 최재형은 도헌에서 물러나게 되었다.

1910년 7월에는 블라디보스토크에서 발행되다가 재정난으로 폐간된 러시아 교민단체 신문 「대동공보(大同公報)」를 인수하였다.

사장에 취임한 그는 글을 통해 항일 독립운동과 배일의식을 고취하였다. 1911년 5월 21일, 권업회를 창설하여 회장이 되었으며 1913년에는 7명의 사절단을 이끌고 로마노프 황제를 알현하였다.

1917년 최재형이 연추 집행위원회 대표가 되었을 때 러시아에서 혁명이 일어났다. 이 틈을 이용해 이듬해 일본군은 일본인 거류민보호를 이유로 연해주에 침입(시베리아 1차 출병)하였다. 이에 맞서 그는 1919년 신한촌에 독립단을 조직하여 무기를 수집하고 무장투쟁 준비를 하였다. 1920년 3월 4일, 니콜라예프스크(니항) 소학령에서 러시아 적군과 박일리야의 한인 연합부대가 수천 명의 백군 및 일본군의 연합군과 2시간 동안 전투를 벌인 결과 일본군 200명이 죽는다. 이후 한·러 연합군은 일본 영사와 거류민 등 730명을 몰살시키고 퇴각하였다. 이를 명분으로 한 달 뒤 일본군이 신한촌에 침입하고 7월엔 북부 사할린까지 점령한다.

1920년 4월, 일본군이 신한촌 한인을 학살하는 참변이 일어났다. 일본군은 그해 4월 4일 블라디보스토크에 상륙하여 5일 오전까지 러시아 진지를 모두 점령하고 러시아군을 무장해제하였다. 그리고 5일 오전 4시부터 신한촌을 습격하여 한인들을 닥치는 대로 체포하고 살육하였다. 4월 5일 새벽, 최재형은 그의 집에서 독립군을 수색하는 일본군에게 체포되어 이틀 뒤인 4월 7일 총살당하였다. 이때 한인 240명이 숨졌는데 그 현장에 4월 참변 추도비가 세워져 있다. 1962년 대한민국 정부는 최재형 선생에게 건국훈장을 수여하였다.

최재형 선생이 말년에 살았던 저택을 촬영한 후 버스에 탔다. 고교 시절, 나는 4월 참변과 자유시(스보보드니) 참변에 대해 이해를 못했었는데 지금에야 그 의문이 풀렸다. 왜냐하면 고교 학과 중 일제의 시베리아 출병에 관해 배우지 않아 그 연결고리 역할을 하는 일본군의 연해주 진주 사실을 몰랐기 때문이다.

자유시 참변은 러일전쟁에서 패한 러시아가 혁명기간에 독립군으로 인해 또다시 일본과 충돌할 수 있음을 우려해 일본이 러시아를 침범하지 않는다는 밀약조건에 따라 러시아가 조치한 것이 그 원인이 되었다. 즉 니항사건으로 1920년 7월 일본군이 북사할린을 점령하자 이들을 철수시키기 위해 러시아가 대한독립군을 무장해제한 것이다.

1920년 봉오동 전투(7월), 청산리 전투(10월)에서 완패한 일본군은 군대를 증강하고 독립군 대토벌 작전을 감행하였다. 일본군은 그해 10월 2일 훈춘사건을 도발하고 이른바 경신 대토벌(간도출병)로 간도의 한인 2천여 명을 무참하게 학살한다. 이에 일제의 토벌을 피해 밀산에 갔다가 이듬해 이만(달네레첸스크)에 모인 3,500명의 대한 독립군은 1921년 2월 치타의 소비에트 공산당 원동정부(극동공화국)가 항일 연합전선을 제의해 오자 군사협정을 맺는다. 러시아는 무관학교를 설립하고 독립군에게 대포, 기관총, 소총 등 무기를 대여해 주어 독립군을 훈련하고 양성하여 4년 뒤 양국이 함께 대일전을 치른다는 약속을 하였다. 그리하여 1921년 3월 연해주에서 활약했던 부대와 일제의 토벌을 피해 온 만주의 독립군 1,900명이 자유시로 집결하였다.

이때 일본이 러 · 일 밀약으로 자유시에 집결하는 독립군의 소탕을 의뢰하자 사할린에 주둔한 일군을 철수시키기 위해 러시아가 이에 호응한다. 그런데 집결한 독립군 중에서 군권 쟁탈전이 벌어져 시베리아팀(자유대대)의 공산주의자 오하묵과 니항군(사할린 의용대)의 박일리야 간에 내분이 생긴다.

초기의 주도권 싸움에서 사할린 의용대(상해파)가 승리해 지휘부대가 되어 각 부대를 통솔하게 되었다. 이에 자유대대(이르쿠츠크파)가 치타의 원동정부에 시정을 요구하자 원동정부는 대일 외교를 문제 삼아 모스크바에 한인 무장해제를 요구한다.

모스크바 공산당은 한인을 동양적화의 선봉으로 이용할 가치가 있다고 판단한다. 그래서 공산당은 그들의 적인 백계군 즉, 로마노프 황제 군대를 토벌할 때 독립군이 도와주면 자신들도 독립군을 도와주겠다는 제의를 한다. 이에 이청천, 홍범도는 수락하고 김좌진과 이범석은 몰래 부대를 이끌고 밀산으로 돌아간다.

5월 2일 군정의회(자유대대)가 사할린 군(상해파)을 인수하려 하지만 거부당한다. 며칠 후 카자흐 기병 600명과 홍범도 군대가 합류하자 군정의회는 6월 22일 사할린 군을 무장해제하고 독립군을 3개 연대의 고려혁명군으로 재편성하였다. 이 같은 조치에 사할린 군은 불만을 품는다. 이에 군정의회가 자유시 수비대와 소비에트 공산군(적색군) 29연대의 지원을 받아 1921년 6월 28일 장갑차와 기관총으로 공격을 개시하여 독립군을 포위하고 사살하였다. 6시간 뒤 사할린 군이 패하면서 전투는 종결되었다. 이때 독립군은 다수가 사망하고 실종되는 등 큰 피해를 입었다.

7월 5일, 모스크바 국제 공산당은 이전에 독립군과 맺은 협약을 파기하고 '치타의 원동정부와 일본 간에 대련 회의가 개최되므로 국제상의 문제로 고려혁명 군대는 만주 출동 계획을 중지하고 군대를 영솔하여 이르쿠츠크로 오라'고 하였다. 그리하여 독립군은 소련 여단에 편입되어 민족주의자에서 완전한 공산주의자로 변모한다.

이후 모스크바 혁명정부는 남아있는 독립군을 백계 러시아군(혁명 이전 로마노프 황제의 군대)을 치는 데 이용했으며 모두 격퇴되자 한인 부대를 무장해제시킨다.

자유시에 가지 않았던 부대는 소규모로 적군과 함께 연합하여 대일전을 치른다. 그 대표적인 인물이 바로 김경천으로 일제는 일본 육사 출신인 그를 매우 두려워했다. 그는 조선의 나폴레옹이라 불리며 고선지에 비유되기도 한다.

일제는 메이지 시대부터 종전까지 청 · 일, 러 · 일, 시베리아 전쟁, 중 · 일, 태평양 전쟁 등 모두 다섯 번의 전쟁을 일으켰는데 그중 시베리아 전쟁의 패배는 연해주에 있던 독립군의 활약에 의한 것이었다. 일 · 러 대군이 몰려오자 김경천 장군은 물러서지 않고 소수의 병력으로 당당히 맞서 싸워 일군과 백군으로 하여금 공포에 떨게 하였다. 그의 전투 이야기는 통쾌하여 듣는 이로 하여금 가슴 설레게 할 정도이다.

소련 88여단 출신의 33세 김성주는 해방 후 김경천 장군의 항일투쟁 경력과 흰 말을 타고 동에 번쩍 서에 번쩍 하여 일제를 무찌르는 그의 전설적 이미지를 도용했는데 이것이 가능했던 것은 둘 다 시베리아 연해주에 있었기 때문이다. 그러나 1920년대 항일투쟁했던 김일성 장군은 바로 김경천이었다.

이육사의 시 '광야'에서 백마 타고 오는 초인은 김경천 장군을 뜻하며, 1943~1944년에 작사 · 작곡된 '용정의 노래(선구자)'의 "지난 날 강가에서 말 달리던(맹세하던) 선구자, 지금은 어느 곳에 거친

꿈이 깊었나"는 김경천 장군의 시 '시베리아의 별' 중 "뜻을 열 곳이 없으므로 흑룡수에 눈물 뿌려 다시 맹세하노라"와도 유사하다. 1920년 초에 혜성처럼 나타나 시베리아와 만주 벌판에서 백마 타고 기병대를 이끌고 앞장서서 마적단을 비롯하여 백군과 일제를 물리친 3년이라는 기간이 베일 속에 가려져 있었는데 2005년 8월에 《경천아일록》이 발견되면서 세상에 모습을 드러냈다.

김경천(본명 김광서, 1888년 6월 5일~1942년 1월)은 일제시대 최고의 무장 독립운동가로 함경도 북청에서 태어났다. 8세 때 서울로 이사하여 14살에 경성학당을 졸업하였다. 서울에서 중학교를 마친 그는 관비 유학생으로 일본에 건너가 1909년 일본 육사에 입학하여 사관생도 시절 나폴레옹을 즐겨 읽었다.

1911년 육사 23기 기병과를 수석 졸업한 후 테라우치가 임관을 권유하자 그는 일본의 군사기밀을 알아내 독립운동을 하기 위해 기병소위로 임관하여 동경 제1사단에 배속된다. 이후 1918년 말까지 동경 기병 제1연대 장교로 복무하다 이듬해 2·8 독립선언 사건이 발생하자 군에 병가를 내고 서울로 돌아온다. 서울에서 그는 지청천과 함께 탈영하여 만주 유하현 신흥무관학교에 가서 교관으로 근무한다.

1920년 초에 북간도 용정에 들렀으나 파벌을 실감하고 연해주로 건너갔다. 당시 블라디보스토크는 내전 중이었다. 그는 신한촌에서 청년들을 모집하여 군사훈련을 시켜 빨치산 의병대를 조직하였다. 니항 사건으로 인해 4월 참변이 일어나자 수청(파르티잔스크)으로 피한다. 그는 다시 학생 30명을 훈련시켜 소년 의병대(창해청년단)를 조직하고 일본군의 지원을 받아 한민족을 약탈하는 중국인 마적단과 싸워 매번 이겼다. 그리하여 그의 병력이 300명으로 늘어나자 마적의 본거지를 모두 소탕해 연해주의 전설적인 김 장군으로 불린다.

이 무렵 일본은 7만 3천 명을 투입하여 북부 사할린을 점령하고 백군과 연합하여 한 달 내에 치타 공화국을 점령해 친일 정부를 세울 계획을 세운다. 이 야욕에서 나온 일본의 2차 시베리아 출병으로 일본군은 백군과 연합하여 1921년에서 1922년까지 전쟁을 치른다. 이때 극동의 소련공산당은 독립군 한운용, 김경천 등의 부대에 힘입어 자유시에서 백군과 일본군을 무찌른다.

1921년 8월, 김경천은 한창걸과 강국모의 군대(혈성단)를 인수받아 병력이 800명이 되었다. 이때부터 수청은 김규면 단장, 정재관을 참모장으로 하는 김경천 부대의 본거지가 되었다. 그해 10월 수청 의병대는 연해주의 적군과 함께 일본군과 연합한 백군과 싸우다 패해 이만시로 이동한다.

1921년 11월 30일, 백군이 일본군과 함께 북진하여 극동 공화국 국경도시 이만을 공격하여 무너뜨렸다. 이때 50명 병력의 한운용 중대가 백군의 2개 사단과 맞서 싸워 12월 4일 48명 모두 전사하였다. 한운용 부대가 이 전투에서 일군과 백군 605명을 사살하고 이만시를 3일 동안 지켜 모스크바에서 지원군이 올 수 있었다. 이 전투에서 일본군이 백군 복장을 하고 싸워 시체를 치울 때 백군 복장을 한 일본군이 많이 발견되었다고 한다.

1922년 1월 25일, 김경천은 적군과 함께 이만시에서 백군과 대치한다. 그때 이만 전투에서 적군 사령관은 항복하지만 그는 흰 말을 타고 포탄이 비 오듯 쏟아지는 곳에 서서 전투를 지휘하여 수청 의병 200명으로 700명의 백군과 싸워 6시간 만에 이만시를 점령한다. 그의 회고에 의하면 이 전투에서 백군이 독립군을 무서워하며 달아났다고 한다. 이후에 벌어진 블로차예프카 전투에서 적군은 백군이 독립군을 무서워하는 것을 알고 "돌격, 후퇴" 등 한국말을 하며 백군과 싸웠다고 한다. 전투에서 패한 백군과 일군 3개 사단병력 5만 명이 남으로 퇴각하였다. 그때 이들은 이만의 김경천 부대 200명을 두려워하여 중국으로 우회하여 철수하였다.

3월에 김경천은 적군과 함께 약골리가를 공격하였고, 7월에는 포시에트 군사구역 조선군 빨치산 사령관이 되었으나 그해 말 무장해제당한다. 김경천은 러시아 내란 종결 후 적군의 후원으로 국내 진공 작전을 전개하려 했으나 소련군 우보레비츠 사령관의 조선인 유격연합대 해산 명령으로 실의에 빠진다. 김경천은 뒤늦게 1998년 대한민국 건국훈장을 수여받았다.

1922년 10월, 백계 러시아군이 모두 평정되었다. 그해 일·소 장춘회담으로 일본군이 시베리아에서 철수하자 독립군들도 12월에 모두 무장해제당한다. 이 사건으로 연해주 지역에서의 독립운동은 막을 내리고 1937년에 고려인의 중앙아시아 강제이주라는 비극의 서막이 전개되었던 것이다. 결국 지금의 러시아 영토는 독립군 한운용과 김경천 장군이 러시아의 극동 공화국을 보존해 주었기에 유지될 수 있었다. 이를 기념하여 달네레첸스크에는 한운용과 그의 부하들을 기리는 탑이 있다고 한다.

나는 일제가 한반도의 2천만 조선인보다 연해주 거주 20만 명의 조선인을 두려워했다는 사실과 국경 문제의 소지를 없애기 위해서 혹은 연해주의 한국인이 독립을 요구할까 봐 스탈린이 강제 이주시켰다는 설을 상기하고 한숨지었다. 그때 만약 적군이 후원하여 국내에 진공했더라면 지금 대한민국의 영토와 역사는 달라졌을 것이다.

7시 정각에 이상설 유허비에 도착하였다. 유허비(2001년 10월 18일 건립) 앞에서 비석에 대한 설명을 들었다.

이상설(1870~1917년)은 충북 진천에서 태어나 1894년 갑오문과에 병과로 급제하였다. 1896년 그는 헐버트와 사귀어 영어와 프랑스어를 익히고 수학 · 국제법을 공부하였다.

1905년에 의정부 참찬이 되었으나 그해 을사조약이 체결되자 이듬해 이동녕, 정순만과 함께 용정으로 망명하였다. 그는 자비로 천주교 회장 최병익의 집을 사서 이를 개조하여 서전서숙을 설립하고 교장이 되어 이동녕과 함께 역사, 지리, 수학, 국제법 등 신학문을 가르쳤다. 그는 『산술신서』를 지어 직접 수학을 가르쳤다.

1907년, 니콜라이 2세가 네덜란드 헤이그에서 만국평화회의를 개최하자 이상설은 고종의 밀사로 이준, 이위종과 함께 참석하여 을사늑약이 무효임을 주장하려 했으나 일제의 방해로 불참하게 되었다. 그래서 헐버트, 이위종과 함께 영국, 프랑스, 미국, 러시아 등을 순방하며 일제의 침략상을 폭로하고 한국 독립의 필요성과 한국의 영세 중립을 역설하였다. 이 헤이그 사건으로 인해 그는 일제의 궐석재판에 회부되어 사형이 선고되어 귀국할 수 없게 되었다. 그래서 미국에 가서 국민회를 창설하고 이승만을 만났다.

1909년, 이상설은 블라디보스토크에 와서 독립운동 기지인 한흥동을 건설하였다. 그는 이승희, 김학만과 함께 항카호 북쪽 봉

밀산 부근에 땅을 사서 한인 교포 100가구를 이주시켜 한흥동이란 최초의 독립운동 기지를 건설하였다. 1910년 6월에는 연해주에서 효과적인 항일운동을 하기 위해 유인석과 함께 연해주 의병을 규합하여 13도 의군을 편성하였다. 그는 고종에게 13도 의군을 상주(上奏)하고 군자금 하사와 고종의 아령파천을 권하는 상소문을 올려 망명정부 수립을 기도하였다. 그해 8월 한일합방이 되자 성명회를 조직하였다.

▲ 이상설 유허비

이듬해인 1911년 5월에는 항일운동을 목적으로 김학만, 최재형 등과 함께 권업회를 조직하였고 권업신문(1914년 8월 폐간)을 간행하여 주간을 맡았다. 이 신문은 1차 세계대전이 일어나자 러 · 일 동맹을 맺은 러시아에 의해 폐간되었다. 1914년엔 대한 광복군 정부를 조직하였다. 1917년 3월, 병약하던 그는 망명지였던 연해주 니콜리스크(우스리스크)에서 병사하였다.

안중근은 려순 감옥에서 이상설을 이렇게 평가했다. "리상설은 법률에 밝고 글씨와 산술에 능했으며 영어, 프랑스어, 일본어 등 여러 나라 어학에 능통했다. 세계 대세에 대한 판단이 뚜렷했고 애국 충성이 강하며 교육 발전을 기도하고 국가 백년대계를 세우기로는 이만한 사람이 없었다. 또 동양평화주의를 가진 점에 있어서 이 사람과 같이 철저한 의견을 가진 자는 참으로 드물 것이다."

이상설은 구한말에서 3·1 운동 전까지 해외에서 가장 포괄적인 독립운동을 전개한 위대한 인물이었다. "나는 조국 광복을 이루지 못하고 이 세상을 떠나니 어찌 고혼인들 조국에 갈 수 있으랴. 내 몸과 유품, 유고는 모두 불태우고 그 재마저 바다에 버린 후에 제사도 지내지 말라"는 유언에 따라 그의 유해는 화장하여 수이푼강(라즈돌리노예강)에 뿌려졌다.

이상설 기념비 앞에 술을 올리고 단체로 묵념하였다. 비석에 새겨진 무늬는 그의 영혼이 하늘로 승천하는 모습을 그린 것이라고 한다.

유허비 옆 수이푼강 건너편에 발해 성터가 있는데 그 안에 내성이 있다고 한다. 그렇다면 고구려의 국내성, 백암성처럼 저 수이푼강이 발해성의 자연 해자 역할을 하고 있는 것이다. 발해가 멸망할 당시 이 강은 발해 군사들의 피로 붉게 물들었다고 한다. 한편 옛 지도에 의하면 고려 예종 때 윤관이 세운 선춘령비가 저 위치에 표시되어 있다. 일제 때 일본인이 이 지역에서 비석을 발견했는데 내용은 모두 마멸되고 '고려지경(高麗之境)'이란 글자만 확인했다고 한다. 지척에 두고 성터에 못 가보니 안타까웠다.

답사를 마치고 블라디보스토크로 돌아왔다. 오는 길에 밭의 흔적을 띤 평야가 이어졌다. 둑에 자란 나무로 보아 몇십 년 동안 경작을 안 한 것 같았다. 2시간 뒤 블라디보스토크에 도착하였다. 그런데 회장님이 맥주를 한잔 산다기에 호텔에서 10분 거리에 있는 샤슬릭 호프집으로 갔다.

호프집으로 걸어가다 잠시 담배 피우는 사이 일행을 놓쳤다. 다행히 30분 뒤 유경희 씨가 찾으러 와서 만날 수 있었다. 그때의 고마움이란. 여권도 없는데다 마피아, 스킨헤드족이 활개 치는 등 치안이 나쁜 도시에서 그 30분이 얼마나 길었던지 생각조차 하기 싫었던 순간이다.

회장님과 동창분들, 그리고 3명의 여인과 함께 새우와 샤슬릭 안주를 먹으며 마시는 맥주 맛은 시원했다. 내일 재래시장, 굼 백화점(1906년 바로크 양식으로 지은 러시아 국영백화점) 관광을 끝으로 이번 여행 일정이 마무리된다고 생각하니 뭔지 모를 여운이 남았다. 즐거운 분위기 속에 무르익은 연해주의 여름밤은 흐린 날씨 속에서도 뜨거웠다. 호텔로 걸어갈 때 길가 뒤쪽에서 러시아 젊은이들 무리가 따라왔다. 한 팀이 큰소리로 떠들며 앞서 가고 다음 무리가 다

▼ 수이푼강과 강 건너편 발해 성터

가와 우리와 걸음속도를 맞추기에 함께 걸었다. 한 젊은 여자가 맨 뒤에서 걷던 나에게 다가오더니 무슨 말인가를 하며 어깨를 툭 쳤다. 그러더니 내 팔을 잡고 깔깔대며 웃었다. '이 제보시카(아가씨)가?' 뒤돌아보니 짧은 반바지를 입은 20대 초반의 키 크고 늘씬한 아가씨였다.

100여 년 전 이곳은 의병들이 일제에 맞서 치열한 독립투쟁을 했던 장소였다. 그런데 지금은 유흥을 즐기는 젊은이들의 터전이 된 듯하였다. 그 젊은이들과 이곳에서 청춘을 바쳐 독립운동을 하던 의병들을 떠올렸다. 그리고 세월은 덧없고 변화무쌍한 것이라는 걸 깨달았다.

7월 13일

오전에 굼 백화점에 들렀다. 이어 쇼핑센터에서 간단히 쇼핑한 다음 점심식사 후 항구로 갔다.

출국수속을 할 때 김주희 사장이 나와 일행들과 작별인사를 나누었다. 그녀는 내가 준 책이 고려인의 강제이주에 대해 이해하는 데 도움이 되었다며 고마워했다. 나는 다음 발해 성터 답사 때 와서 이번에 알게 된 독립투사들 이야기를 들려줄 수 있기를 바란다며 인사하였다.

1시에 DBS에 승선하였다. 이곳에 올 때 보았던 선실 여승무원들을 다시 만나니 반가웠다. 그래서 쇼핑할 때 인사를 나누었다.

배가 출항하자 갑판에 나왔다. 올 때와 달리 회장님 일행의 술자리에 합석하였다. 저녁식사는 세 여인과 같은 테이블에서 하였는데 각별히 맛이 좋았다. 식사 후 리치 등 열대과일을 먹은 다음 갑판에 나왔다. 자판기 맥주가 다 떨어져 더 이상 마시지는 못하고 사람들과 이야기하면서 시간을 보냈다.

날이 어두워지자 마음이 착잡해져 혼자 갑판에 서서 바다를 바라보았다. 오늘 저녁도 집은 적막감에 싸여 있을 것이다. 그리고 내일이면 배는 동해항에 도착해 있을 것이다. 예전에는 여행 갔다 오면 인천공항에 내리자마자 밭에서 일하고 계실 어머니에게 전화했다. 통화를 마치면 안심하고 의정부행 리무진 버스에 탔던 일이 생각났다.

'이젠 그럴 필요가 없구나. 집에 가기 싫다….'

문득 중학교 시절에 읽은 『80일간의 세계일주』가 생각났다. 필리어스 포그가 세계일주 여행 내기에서 이기고 하인 파스파루트에게 급료를 주면서 가스료는 빼던 대목이 생각났다. 포그는 세계일주 여행에서 시차 때문에 하루를 벌어 이긴 것이다. 생각난 김에 시계를 저녁 8시 50분에서 6시 50분으로 미리 조정해 놓았다. 그리고 새벽에 나올 때 깜박 잊고 집에 전등을 켜놓고 나왔다고 생각했다.

'그래, 전등을 켜놓고 왔으니 빨리 가야지. 오늘밤도 집은 환히 불을 밝히며 주인을 기다리고 있을 테니까.'

부슬부슬 내리는 가랑비가 나를 슬픔에 젖게 하였다. 나는 어두워진 배 위에서 이슬비를 맞으며 서 있었다. 그러나 그 이유는 말하기 싫었다. 다인실에 들어갔을 때 누군가 물으면 나는 그저 빗물이 눈에 들어갔을 뿐이라고 대답할 것이다. 이번엔 비에게 고마워해야 할 것 같았다.

제2편

백두산과 두만강 유람

한민족의 슬픈 엑소더스

2013년 7월 24일 수요일

의정부고 청운산악회에서 개최하는 백두산 등산에 참가하게 되었다. 백두산 여행은 이번이 세 번째로 언제나 벅찬 기대감으로 시작해 슬픔으로 끝나는 반복되는 한 편의 드라마였다. 이번 여행에서는 어떠한 드라마가 펼쳐질까.

인천공항에 도착하여 모임을 갖는데 방화동 사시는 외삼촌이 와서 용돈으로 쓰라며 봉투를 주고 갔다. 삼촌의 뒷모습을 보자 갑자기 가슴이 찡해졌다.

1시 20분 인천발 장춘행 비행기는 예정시간보다 30분 늦게 출발하여 2시간 뒤 장춘공항에 도착하였다. 장춘은 인구 50만 명으로 한국의 금호타이어 공장이 진출해 있다. 또한 이곳은 일본의 괴뢰정권인 만주국의 수도 신경(新京)으로 만주국 황제 부의가 살았던 궁전이 있다. 일행은 공항광장에서 단체로 기념사진을 찍은 다음 버스에 탔다. 목적지 송강하는 밤 10시에 도착할 예정이라고 한다.

현지 가이드 려송은 연변 즉, 북간도에 이주한 강원도 양구 출신의 조선족 3세이다. 그는 연변이 이렇게 잘살게 된 것은 대한민

▲장춘공항

국 덕분이라며 감사인사를 전해 일행의 박수를 받았다. 연변자치주는 인구가 240만 명인데 그중 80만 명이 조선족이다. 한국문화의 영향으로 수백 개의 노래방이 있고 차 대신 커피 마시는 것이 중국인들에게도 일상화되었다고 한다. 그가 말을 마치자마자 비가 쏟아지기 시작했다.

밤늦게 송강하에 도착하여 송림식당에서 식사하였다. 식사 후 옆에 있는 송림 빈관에 여장을 풀고 일찍 잠을 청했다.

7월 25일 목요일

아침식사가 끝나자 곧 서파로 이동하였다. 빗방울이 계속 차창을 때렸다. 서파 산문에 도착하여 셔틀버스로 갈아타고 37호 경계비 아래 위치한 휴게소 주차장에서 내렸다.

8시 30분경에 계단(1,440개)을 올라갔다. 40분 후 비를 맞으며 정상에 이르자 37호 경계비가 나왔다. 1997년 서파 종주 때는 5호 경계비였던 것이 지금은 37호로 바뀌었다. 북적대는 중국 인파를 뚫고 가까스로 경계비에서 사진을 촬영하였다. 그때 북·중 경계선을 지키는 우비 입은 공안이 등산복 차림인 나에게 다가와 "커피" 하며 말을 걸어왔다. '음, 이곳 중국인들도 한국인들처럼 차 대신 커피 마시는 게 일상화되었나 보군.'

산악회장에게 물었더니 커피는 있는데 따뜻한 물이 없다고 하였다. 그래서 추위에 떠는 그들에게 전투식량과 소시지 2개를 건네주었다. 해발 2,470m인 고지에 서 있자니 비와 바람이 매섭게 몰아쳐서 예정된 서·북파 15㎞ 트레킹을 취소하고 하산하였다. '백두산을 종주하려고 컬럼비아 매장에서 새 등산화까지 샀는데….' 37호 경계비 아래 있는 휴게소 주차장에서 출발하였다. 일행은 서파에서 내려 술과 음식을 산 후 다시 북파로 이동하였다.

장백폭포 주차장에 내려 수많은 인파를 보고 놀랐다. 혹시 동북공정의 일환으로 백두산 지역도 티베트처럼 중국화하려는 거대한 음모가 숨어 있는 것은 아닐까 하는 생각이 들었다. 8년 전에 답사 왔을 때와 비교하면 엄청난 변화가 있었다.

장백폭포 매표소에서 다시 지프를 타고 천문봉에 이르러 기상관측소에서 내렸다. 한여름인데도 백두산 날씨는 매서웠다. 거센 비바람을 맞으며 간신히 숙소에 도착하였다. 우리 일행은 방 3개에 여장을 풀고 저녁식사를 마쳤다. 방에 들어오자 7시부터 술자리가 벌어졌다. 나는 따뜻한 방에서 몸을 녹이며 맥주를 약간 마셨다. 그리고 창밖에 똑똑 떨어지는 빗방울 소리와 휘몰아치는 바람소리를 들으며 잠들었다.

7월 26일 금요일

아침에 기상하니 반기는 것은 밝은 햇살이 아니라 가는 빗줄기와 안개였다. 개성공단 회담처럼 남북관계 흐림을 뜻하는 걸까. 참으로 변덕스럽고 묘한 것이 천지의 날씨라 거대한 하늘연못 천지는 야속하게도 안개를 껴안은 채 그 모습을 드러내지 않았다. 그래서 몇백 미터 앞에 있는 등소평의 '天池' 친필비석을 본 후 하산하였다.

장백폭포 매표소 입구에서 내렸다. 나는 장백폭포 주차장에 몰린 인파에 다시 한 번 놀라며 매표소를 지나 혼잡한 인파를 앞질러 40여 분간 걸어 올라갔다.

전망대에 이르자 비와 안개에 가려 장백폭포가 일부만 보였다. 그런데 잠시 후 빗발이 약해짐에 따라 안개가 걷히더니 폭포가 홀연히 그 모습을 드러냈다. 아, 외마디 소리가 절로 나왔다. 마치 흰 용이 하늘에서 흐느적거리며 벽면을 기어 내려오는 듯한 모습이었다. 천지의 물이 불어 높이 68m의 폭포가 장관이었다. 그 모습을 어찌 필리핀에서 본 팍상한 폭포와 비교할 수 있겠는가. 마치 거대한 폭포가 물웅덩이에 방아를 찧는 듯하기도 하고 천상의 세계에서 선녀가 하얀 밀가루를 물속에 쏟아붓는 것 같기도 했다.

▲ 등소평의 '天池' 친필비석

나는 다시는 못 볼 광경일 것 같아 젖은 카메라 버튼을 계속 눌러댔다. 그러나 일행

▲ 장백폭포

과 잠깐 말을 하는 동안 그 광경은 다시 안개 속으로 사라졌다.

1시 반에 강원도 조선족 반점에서 식사한 후 연길로 출발하였다. 바둑판 재료로 사용되는 피나무 숲을 달려 버스가 해란강, 갑산을 지나 화룡시에 접어들었다. 이곳 조선족과 중국인들은 한국 전기밥솥을 선호하여 한 집에 두세 개씩 갖고 있다고 한다.

일송정이 멀리 보이자 용정이 가까웠음을 짐작했다. 비암산이 호랑이처럼 용정 시내를 내려다보고 있는데 이 산을 경계로 용정과 화룡시로 나뉜다.

용정은 특산물로 사과배가 유명하다. 최창호 씨가 1921년 동생이 함경도 북청에서 가져온 배나무 여섯 그루를 이듬해 돌배나무에 접목하여 로투구진 소기촌에 심었는데 그중 세 그루가 재배에 성공하였다. 사과배는 이것이 퍼진 것으로 붉게 익은 배의 모양이 사과를 닮아 사과배라 이름 지어졌다. 크고 아삭한 맛이 나는 사과배를 바쁜 일정상 못 먹고 가니 아쉬웠다.

5시 20분 연길에 도착하였다. 연변 자치주는 인구의 1/3을 조선족이 차지한다. 그 주도인 연길에 올 때마다 마치 고향에 온 듯한 느낌을 받는 건 고조선, 고구려, 발해의 옛 영토인 이곳에서 우리 민족문화를 지켜온 조선족 동포가 있기 때문이다. 중국 속의 작은 한국이라고 할까.

연변에서도 가요무대와 전국노래자랑을 많이 본다고 한다. 또한 중국에는 웃통을 벗는 사람이 많았는데 한국문화의 영향으로 웃통 벗는 사람이 없어졌다고 한다. 1997년 백두산 등산 때 연길에서 본 웃통 벗은 사람들을 생각하니 웃음이 나왔다.

세기 호텔에 체크인한 다음 발 마사지를 받으러 갔다. 발 마사지를 마치고 저녁식사를 하기 위해 북한식당에 갔는데 예약한 식당을 찾을 수 없었다. 잠시 우왕좌왕하고 있는데 한복 차림의 북한 여성 2명이 비를 맞으며 마중 나왔기에 함께 버스를 타고 갔다.

천년 백설 회관에서 식사를 마칠 즈음 8시 30분경에 반주가 흘러나왔다. 공연이 시작되자 나는 자리를 옮겨 앉았다. 그리고 수첩을 꺼내 노래가 시작될 때마다 곡명을 적었는데 북한 여성이 와서 말을 건넸다. "무얼 그렇게 적습니까?" 부모님 고향이 북한이라 북한 가요를 좋아한다고 했더니 "어딥니까?"라고 하기에 나는 귓속말로 '평안남도 평원군'이라고 말했다. "아, 네. 그런데 요건 틀렸습네다. 거문고가 아니라 가야금입니다." 그리고 내가 메모한 '장구춤'을 그녀가 '장고춤'으로 바로잡아 주자 나는 남북언어의 차이를 실감하였다.

내가 세 번째 노래 곡명을 묻자 그녀가 '조선아, 다시 보자'라고 수첩에 써주었다. 공연은 가야금 연주, 장고춤 등과 '다시 만나요'를 끝으로 마쳤다. 단체 기념사진을 찍은 후 그녀에게 감사인사를 하고 나왔다.

7월 27일 토요일(정전기념일)

오늘은 용정 대성 중학교와 도문교 관광을 끝으로 모든 일정을 마친다. 용정은 우리 민족에 의해 개척된 최초의 도시이다. 이곳은 원래 이름이 육도구였는데 1886년 봄에 여진족이 사용하던 용두레 우물이 발견되면서 '용정'이라 이름 붙여졌다. 용정의 인구는 약 30만 명인데 그중 20만 명이 조선족이다.

8시 30분에 출발한 버스는 해란강을 건너 9시에 대성중학교에 도착하였다. 일행은 구 건물 전시관에서 현직교사 허순선 씨의 설명을 들은 다음 서명하고 성금을 냈다. 나는 전시관을 둘러보며 〈고구려〉, 〈발해〉 등 책자 3권을 샀다. 그리고 교정에 있는 윤동주 '서시' 기념비 앞에서 허순선 교사와 함께 기념사진 및 청운산악회 단체사진을 찍고 나왔다.

버스가 개산둔에서 두만강변 길을 따라가자 강 건너편에 북한 땅이 보였다. 오늘은 도문에서 20여 분간 두만강을 유람한다고 한다. 그 말에 정신이 퍼뜩 들었다. 문득 한국동란 때 강원도 홍천 통신대에서 군복무하던 아버지 모습이 스쳐 지나갔다.

우측에 흙탕물투성이의 두만강이 보였다. 이 강의 상류는 폭이 좁아 쉽게 건널 수 있다. 그래서 이곳에서 탈북이란 한민족의 슬픈 엑소더스가 시작되는데 한겨울에도 동상과 죽음을 무릅쓰고

▲윤동주 시비 앞에서

강을 넘는다고 한다. 탈북자들을 생각하니 그들이 겪어야 할 험하고 머나먼 여정에 마음이 아파왔다.

탈북하여 남한에 가기 위해선 해관(세관) 4개를 통과해야 한다. 그런데 지금 북측 두만강변 50m마다 땅굴을 파서 만든 군인 초소에 18~20세 연령의 북한 군인들이 2명씩 들어가 지키고 있는데다 중국 측 두만강 곳곳에 감시카메라가 설치되어 있어 탈북이 어렵다고 한다. 금강산, 개성길이 막힌 지금 유일한 남북의 문마저 모두 봉쇄되어 있다는 사실을 접하고 나니 비탄한 심정을 금할 수 없었다.

10시 50분, 버스가 북한 남양시로 연결된 철교를 지나 도문강공원에 섰다. 일행은 두만강 선착장에서 구명조끼를 입고 200m 거리의 임시 선착장으로 갔다. 승선을 기다리는 동안 나는 앞배가 국문(도문교)까지 갈 때 유람선이 북한 땅에 가장 가까이 접근하는 곳을 유심히 보아두었다.

11시 30분, 마지막 배에 승선하여 자리에 앉았다. 그리고 휴대 가방에서 담배 2갑을 꺼내 그 사이에 1달러 몇 개를 끼워 넣고 테이프로 붙이고 소시지 1개를 준비했다. 배 안에는 균이, 준석, 승호와 여자 1명 그리고 맨 뒤에 중국인 1명이 탔다. 그런데 이 중국인이 어떤 제지를 하지 않을까 걱정되었다. 그래서 긴장한데다 더운 날씨 때문에 속옷이 땀으로 흥건히 젖었다.

배가 도문교를 지나 유턴하여 거의 다 왔을 때였다. 북한 땅과 거리가 7~8m 정도 되었다. 이때를 놓칠세라 나는 신속히 담배를 꺼내 북한 땅을 향해 힘껏 던졌다. 그러나 움직이는 배 안에서 날아간 담배는 바람의 저항을 받아 3~4m 앞에 떨어졌다. 실패. 강 하류로 흘러가는 담배를 보자 맥이 빠졌다.

20분간 유람을 끝내고 선착장으로 걸어왔다. 나는 총동창회장 김진수 씨와 실향민 부모를 둔 김홍모 씨가 주는 술잔을 들며 두만강과 금단의 땅을 바라보았다.

저 강을 건너다 총탄에 맞아 숨져간 수많은 사람들이 있다. 그 슬픈 사연일랑 아랑곳하지 않고 강물은 말없이 흘러만 가는데 그들의 육체는 이 세상에 편히 안주하지도 못하고 영혼은 강가에 떠돌다 어디로 가는 걸까. 아니 강폭이 좁아져 물살이 굽이치는 곳에서 절규하며 한없이 울부짖으리라.

어느새 눈시울이 뜨거워졌다. 나는 눈물을 머금은 채 바라보아야만 하는 이 비정한 강, 애환 어린 강, 무심한 강물에 아버지가 돌아가실 때 흘리지 못한 눈물을 다 쏟아버리고 싶었다. 그리고 윤동주의 '서시'처럼 그들의 영혼이 별이 되어 밤마다 밝게 빛나기를 간절히 바라며 선착장에서 나왔다.

점심식사를 하러 갈 때 ○○ 투어 배상범 사장이 차창 밖에 보이는 탈북자 임시 거취소 건물을 알려주었다. 투먼 수용소는 북송의 마지막 단계로 이곳에 수용되면 며칠 내에 북송된다고 한다. 나는 창가로 다가가 카메라를 들이대고 깊은 생각에 잠겼다.

▲ 투먼 수용소

과연 지금 저 건물엔 몇 명의 탈북자가 불안에 떨며 북송을 기다리고 있을까? 요즘 남한 젊은이들은 통일을 원하지 않는다고 한다. 이것이 우리의 현실이다. 나는 통일이 필요한 이유를 자신에게 물었다.

통일은 중국에 대한 견제와 영토 회복을 위한 우리의 국력 배양 차원에서 절실히 필요하다. 그리고 북한 주민도 같은 피를 나눈 겨레이므로 해방된 조국의 번영된 삶과 행복을 함께 누려야 할 권리가 있기 때문이다. 그런데 지금 통일을 이루지 못하면 먼 훗날 중국의 견제와 북핵이란 민족적 재앙이 올 것이다. 하지만 탈북자가 더 늘어나면 남북 간 이념의 장벽은 허물어지고 그들에 의해 통일은 앞당겨질 거라는 확신을 가졌다.

순이랭면에서 점심을 먹고 장춘으로 가는 6시간 동안 그 생각이 내 머릿속에서 좀처럼 떠나지 않았다.

제3편

불탑의 나라 미얀마 여행

소중한 인연

미얀마는 시간의 흐름이 멈춘 땅으로 불린다. 도시마다 인상적인 탑들이 많이 있는데 특히 바간에 있는 탑들은 사람들의 정신을 현란하게 한다. 그래서 미얀마에 가게 되었다.

2004년 4월 27일

방콕 돈무앙 공항에서 양곤행 비행기에 탑승하였다. 기내에서 하늘색 상의에 검정색 치마를 입은 미얀마 스튜어디스가 안내하였다. 검정색 치마에 수놓은 아름다운 무늬가 눈길을 끌었다. 그래서 그랬는지 나는 미얀마가 상상할 수 없을 정도의 매력을 가진 나라란 생각이 들었다.

7시 40분에 이륙한 비행기는 1시간 뒤 양곤의 밍글라돈 국제공항에 착륙하였다. 현지 가이드 김기태 부장이 마중 나왔다. 그는 두 손을 모으고 인사한 다음 일행을 버스로 안내하였다. 나는 버스에 타자마자 시계를 미얀마 시간으로 2시간 30분 느리게 조정하였다.

저녁식사를 한 다음 인야레이크 호텔에 투숙하였다. 이 호텔에 정부 직영 매점이 있는데 루비, 사파이어 등을 판매하고 있었다.

하지만 나는 곧바로 방으로 들어와 잠을 청했다.

4월 28일

새벽 4시에 기상하여 아침식사를 한 다음 5시 정각에 공항으로 출발하였다.

미얀마는 국토 면적이 67만 6,578㎢로 인구는 약 5,400만 명이다. 원래 국명은 버마였는데 여러 소수민족을 포함하기 위해 군사정부가 1989년 미얀마로 개칭하였다.

미얀마는 135개 소수민족으로 구성되어 있다. 그중 버마족이 70%이고, 몬족(230만), 고산지대에 거주하는 카렌족(220만), 샨족(190만) 등 각 소수민족이 25%, 기타 외래 아시아인이 5%를 차지한다. 이들 인구의 85%가 불교를 신봉하고 있다. 석유, 가스, 목재(티크), 보석, 광물 등 천연자원이 풍부하며 1인당 GNP는 1,500불 정도이다.

양곤은 미얀마의 수도로 인구가 약 500만 명이다. 1755년 버마족 알라웅 파야왕이 미얀마 남부 이라와디강 삼각주의 몬족을 정복하고 다곤 지역에 군대를 주둔시키고 양곤(전쟁의 종식이란 뜻)으로 개칭하여 부른 데서 지명이 유래한다. 양곤 시내의 도로와 건물들은 바둑판 모양으로 잘 정리되어 있었다.

미얀마는 열대 몬순 기후에 속한다. 양곤의 한낮 온도는 45도까지 올라가고 11월부터 4월까지가 건기, 5월에서 10월까지는 우기이다. 그러므로 다음 달부터 비(스콜)가 하루에 20~30분씩 폭우로 쏟아질 것이다.

미얀마인들은 아침식사로 모힝가(고기국물이 든 쌀국수)를 먹는다. 이들은 돼지고기를 즐겨 먹고 치킨커리(닭볶음탕)를 가장 좋아한다. 남자는 론지를, 여자는 터메인(치마)을 입고 다닌다. 미얀마에는 데릴사위 제도가 있어 딸이 부모를 모시고 산다. 3대가 함께 사는 대가족이지만 아버지의 성을 따르지 않아 3대조 이상은 알 수 없다고 한다.

미얀마에도 한류열풍이 불어 저녁 7시에 미얀마 TV에서 한국 드라마를 볼 수 있다. 이 영향으로 많은 젊은이들이 코리안 드림을 갖고 한국에 가고 싶어 한다.

밍글라돈 공항에 도착하여 6시 20분 바간행 프로펠러기에 탑승하였다. 비행기가 곧 이륙하였고 기내식으로 작은 빵이 나왔다. 나는 식사하며 종이상자에 인쇄된 바간의 사진을 보았다. 평야에 우뚝 솟은 거대한 사원과 수많은 파고다가 내 눈을 현란하게 만들었다.

7시 30분 바간 공항에 도착하여 가이드에게 환전하였다. 미얀마 공식 환율은 1달러당 6짯(6.5짯)이지만 통상적으로 1달러당 800짯 정도로 환전된다. 환전한 다음 기념품 파는 곳으로 갔을 때 맞은편에 있던 판매점 여직원과 눈이 마주쳤다. 그녀의 환한 미소가 상큼했다. 나는 그녀에게 다가가 인사하였다. "밍글라바(안녕하세요)?" 그리고 판매점을 두리번거리다가 말했다. "초레(예뻐요)." 그녀가 수줍은 듯 얼굴을 가리며 웃었다. 얼굴에 타나까를 바른 모습이 더 귀엽고 매력적으로 보였다.

타나까는 백단나무를 잘라 맷돌에 갈아 만든 분말로, 이 하얀 분가루를 물에 녹여 얼굴에 바르면 선탠 크림 역할을 한다. 그래서 바른 부분은 햇빛이 차단되어 시원하며 또한 얼굴 피부도 고

와진다고 한다.

공항에서 버스를 타고 가자 황토지대에 세워진 탑들이 나타났다. '아, 바간이구나.' 나는 설레는 마음을 억제할 수 없었다.

바간은 이라와디강 중류에 있는 인구 10만의 도시이다. 바간은 면적이 42㎢이고 2,517개의 사원과 불탑들이 솟아 있다. 이곳의 탑들은 캄보디아의 앙코르와트, 인도네시아의 보로부드르 사원과 함께 유네스코가 지정한 세계 3대 불교 성지의 하나이다. 현장은 『대당서역기』에 부처님이 미얀마에 와서 "내가 죽은 후에 이곳이 불국토로서 번영할 것이다"고 예언했다고 기록하였다. 미얀마에서 바간을 못 보면 평생 한이 된다고 한다.

미얀마에는 세 왕조가 있었는데 바간은 그 첫 왕조의 수도이다. 천년의 고도 바간의 탑들은 1287년 몽골의 침입으로 바간 왕국이 멸망하기 전에 세워졌다. 이 불교 유적지는 유네스코에 의해 세계 문화유산으로 지정되었다고 한다.

미얀마의 초기 역사는 잘 알려져 있지 않다. 기원전 수세기에 걸쳐 중앙아시아에서 온 몬족이 샐윈강(시탕강) 하구에 정착하여 1세기에 퓨왕국을 세웠는데 그 유적이 지금도 남아 있다. 8세기에 이르러 티벳-버마계 퓨족이 이주하여 이라와디(에야와디)강 중류지방에 정착하였다. 그들은 벼농사를 지었고 작은 왕국을 건설하였다.

9세기 초 티베트 지역에 살던 버마족이 남하하였다. 그들은 이라와디강 중류에 정착하여 퓨족을 흡수하고 849년 파간(바간)에 수도를 건설하였다. 11세기 초에 아노라타가 등장하여 버마 중부의 폐구에 할거하던 몬족 등 여러 민족을 정복하고 바간에 미얀마 최초의 왕국을 세웠다.

바간 왕국은 짠시타왕, 알라웅시투왕을 거치며 불교가 융성하였다. 그러나 1287년 원나라 쿠빌라이칸의 침입을 받는다. 바간은 나라띠하파티 왕이 6천 명의 병사를 이끌고 몽골군 1만 2천 명을 상대로 싸우다 항복한다. 몽골군은 1299년에 철수하지만 미얀마는 그 후 250년간 버마, 샨, 몬족으로 분열되어 난립한다.

8시 10분 쉐지곤 파고다에 도착하였다. 일행은 신발을 벗고 뾰족한 종 모양의 금빛 파고다에 들어갔다. 이 파고다는 코끼리가 점지해 준 이라와디강 동쪽 기슭에 지어졌는데 쉐지곤은 황금 모래언덕을 뜻한다고 한다. 아노라타왕은 몬족(따통왕국)을 정복하고 이들로부터 남방상좌부 불교를 받아들였다. 그는 1057년 기도와 명상을 하기 위해 파고다를 건립하기 시작하였다.

▲ 쉐지곤 파고다에서

쉐지곤 파고다는 1087년 그의 아들 짠시타왕에 의해 완공되었으며 바간에서 가장 숭앙을 받고 있다. 이 파고다에는 부처님의 무릎과 치아 사리가 봉안되어 있다. 또한 수십 톤의 금을 사용하여 밤에 금빛으로 빛나는 쉐지곤 파고다의 모습이 매우 아름답다. 이 황금빛 파고다는 후에 미얀마 파고다의 원형이 되었다고 한다.

기원전 3세기 초, 몬족에 의해 최초로 소승 남방상좌부 불교가 미얀마에 전해졌다. 그 후 1060년 아노라타왕 때 테라바다(남방 소승불교)가 미얀마에 전래되면서 바간에 파고다가 세워지게 되었다. 테라바다는 발리어로 '원로스님의 길'이란 뜻이다. 소승불교는 대승불교에 비해 계율이 엄격하고 보수적이다. 또한 이론과 원칙에 충실하고 개인의 공덕을 쌓는 것을 중시한다. 그래서 미얀마인은 일생에 한 번은 출가해야 한다.

쉐지곤 파고다 앞으로 다가가자 한 아줌마가 나를 보더니 앉으라고 하였다. 무릎을 꿇고 보니 앞에 파인 홈에 물이 담겨 있었다. 왕이 이곳에 와서 파고다를 올려다보다 관이 떨어질 것 같아 대신 물속에 비친 탑을 보았다고 한다. 그 왼쪽에 부처님을 모셔놓은 동굴이 있었다. 일행은 굴속에 들어가서 부처님께 금박을 붙이고 나왔다.

이 파고다에는 낫신을 모셔놓은 곳이 있다. 미얀마에는 37명의 낫(정령신)신이 있는데 이것은 만물에 신이 있다고 믿는 토속신앙이다. 낫신의 손에 담배가 쥐어져 있고 그 앞에 차돌이 있다. 낫신 앞에서 기도하고 소원을 빈 다음 그 돌을 들었을 때 가벼우면 소원이 이루어진다고 한다.

쉐지곤 파고다에서 나와 부파야 파고다로 향했다. 이라와디 강변에 있는 많은 탑들은 모두 바간 왕국이 멸망하기 전에 지어진 것이다. 건설할 당시 외국의 포로까지 동원하였다고 한다. 고대 미얀마인들은 현세에 공덕을 쌓아 다음 세계에 좀 더 나은 삶으

▲ 쉐지곤 파고다 앞 작은 연못

▲ 부파야 파고다

로 태어나길 바랐다. 그래서 허허벌판에 벽돌로 정성스레 탑을 쌓았다. 그러한 옛 파고다에서 엄숙하고 경건한 분위기가 느껴졌다.

그런데 250여 년간 존재했던 바간 왕국의 왕궁터가 없다고 한다. 이에 대해 왕이 신분을 낮추려고 왕궁을 짓지 않았거나 또는 몽골군 침입 당시 파괴되었다는 두 가지 설이 있다. 나는 몽골군의 초토화 전술과 띤잔축제로 볼 때 후자가 더 설득력이 있다고 생각하였다.

9시 정각에 부파야 파고다에 도착하였다. 부파야 파고다는 둥근 호리병(부, BU) 모양의 퓨족 스타일 탑으로 3세기에 바간에서 가장 먼저 조성되었다. 이 금빛 파고다는 부처님이 이라와디강 건너편 뻰찌마운틴에 오셔서 가리킨 곳에 세워졌다고 하는데 안내문에 쓰인 설명은 조금 다르다.

106년 타머다릿이 바간에 나라를 세우자 새, 멧돼지, 다람쥐와 호리병박이 무성하여 애를 먹게 되었다. 그때 16세의 퓨족 왕자

▲ 아난다 사원

퓨소티가 바간에 와서 활을 쏘아 이를 제거하고 그곳에 파고다를 세웠는데 그는 그 공으로 공주와 결혼하여 바간의 3대 왕이 되었다고 한다. 1975년 지진으로 탑이 무너졌을 때 안에서 여자의 빗과 긴 머리카락이 출토되었는데 이것은 왕비가 결혼하기 전에 시주한 것이라고 한다.

아난다 사원은 1091년에 짠시타왕이 건립하였다. 사원 이름은 부처님의 제자였던 아난존자의 이름을 따서 지어졌다. 총면적이 555㎡이고 몬 스타일로 지어진 이 사원은 바간에서 가장 아름답다고 한다. 아난다 사원은 내부 구조와 밑바닥의 테라코타 타일로 볼 때 중세 유럽의 영향을 받았거나 혹은 인도의 동굴 사원을 본떠 만들었다고 한다.

파고다(불탑)와 달리 사원은 안에 들어갈 수 있다. 사원 안에는 동서남북 사면으로 9m 높이의 입불상이 모셔져 있었다. 세 번째

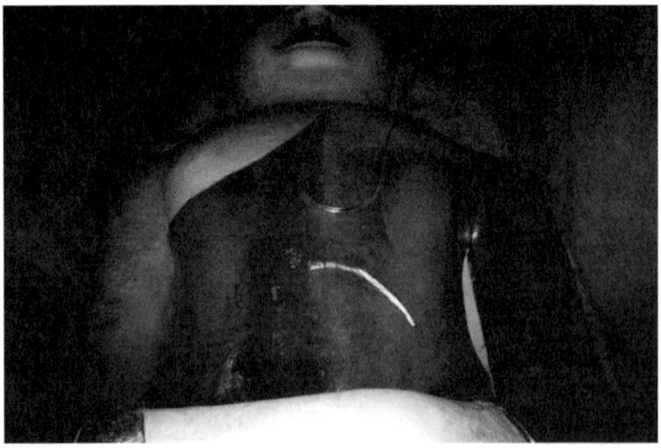

▲ 마누하 사원 부처님

석가모니 불상 앞에 있는 커다란 족상이 눈에 띄었다. 족상을 본 다음 가이드가 단으로 올라가서 부처님의 금빛 옷자락을 두드리니 불상에서 나무소리가 났다. 설명인즉 이 불상은 티크나무 원목으로 만들어졌다고 한다.

아난다 사원에서 5분 거리에 마누하 사원이 있다. 1057년 아노라타왕은 몬족의 수도인 따통에 사신을 보내 불교를 전파해 달라고 했다. 그런데 그 나라 왕이 사신들을 죽이자 이에 격분한 아노라타왕이 쳐들어가 마누하왕과 3만 명의 주민을 포로로 잡아왔다.

마누하 사원은 1061년 마누하왕의 소원에 의해 지어진 것으로 부처님의 가사를 가져와 묻었다. 사원 안에 좁은 통로가 있고 단 위에 부처님이 모셔져 있다. 특이한 것은 부처님의 육중한 어깨와 툭 튀어나온 가슴이다. 이것은 포로가 된 왕의 억울하고 답답한 심정을 나타낸 것이라고 한다. 사원 옆에는 왕이 감금되었던 벽돌감옥이 있다.

땃빈뉴 사원은 아노라타왕의 손자 알라웅시투왕이 1144년에 세웠다. 사원 2층에 부처님이 모셔져 있으며 이 사원의 파고다(66m)는 바간에서 가장 크다. 그래서 파고다에 올라가면 바간의 모든 사원과 파고다가 한눈에 보인다. 저녁 때 여기서 보는 바간의 모습이 장관이라고 한다. 그런데 한 외국인 관광객이 탑 위에서 안 좋은 행동을 하여 1997년부터 올라가는 것이 금지되었다.

땃빈뉴 사원 옆에 작은 텔리 파고다가 있다. 이 파고다는 땃빈뉴 사원을 지을 때 벽돌 1만 장당 한 개씩 빼서 지었다. 그래서 텔리 파고다의 벽돌을 세어보면 땃빈뉴 사원을 지을 때 사용된 벽돌 수를 알 수 있다고 한다.

정오에 중국식당에서 꼭두각시 인형극을 보며 식사하였다. 식사 후 사꾸라 호텔에 체크인한 다음 2시 반에 로비에 다시 모였다. 그때 서동훈 인솔자가 바간 대신 뽀빠산에 가자고 의견을 제시하였다. 그래서 오후 일정이 바간 대신 뽀빠산으로 바뀌었는데, 이 산은 바간 남동쪽 50㎞ 지점에 있다.

3시에 출발하여 뽀빠산으로 가는 동안 아름다운 경치가 펼쳐졌다. 길가에 빨간 꽃, 흰 꽃, 노란 꽃들이 핀 가로수들이 보였다. 그중 함박눈을 이고 있는 것 같은 흰 꽃나무를 보고 나도 모르게 '와' 하고 탄성을 질렀다. 눈송이 같은 꽃들이 눈앞에서 아롱거렸다. 곧이어 작은 분홍 꽃나무가 시야에 들어왔다. 물감을 찍어 그려놓은 듯 아름다운 한 폭의 수채화가 내 환상 속에 들어왔다. 나는 말로 표현할 수 없는 미얀마의 아름다운 자연에 한층 매료되었다.

4시 15분 뽀빠산(산스크리스트어로 꽃)에 도착하였다. 버스에서 내려 신발을 벗고 계단을 올라갔다. 원숭이들을 피해 777개의 계단을 단숨에 올라가 15분 만에 정상에 이르렀다.

뽀빠산에는 37명의 낫 정령신들을 모셔놓은 화려한 사원이 있

▲ 뽀빠산

다. 낫 정령신앙은 미얀마의 전통신앙과 불교가 혼합된 것이다. 따라서 뽀빠산(1,528m)은 낫 정령신앙의 발원지이자 미얀마의 올림푸스 산이라 할 수 있다.

사원을 보고 내려오다가 설법을 하는 곳에 이르렀다. 나는 지나가는 길이 있나 하고 두리번거렸다. 그때 설교자가 나를 보고 "아 유 꼬리아?" 하였다. 내가 고개를 끄덕이자 그가 웃으며 손짓하였다. 그래서 정중하게 인사하고 나왔다. "째주뗀 바레, 빠빠(감사합니다. 안녕)."

해질 무렵 바간에 도착하여 곧바로 쉐산도 파고다로 이동하였다. 그때 평야지대에 우뚝 솟은 탑들이 창가에 보였다. 서쪽으로 지는 해가 점차 그 빛을 잃어가고 있었다. 어둠이 다가오면서 검은 형체의 불탑들이 시야에 들어왔다. 바간에는 왜 이토록 많은 불탑들이 있는 걸까. 창밖에 스쳐 지나가는 탑들의 형체들이 나를 무아지경에 빠져들게 하였다. 나는 시간을 잊은 듯 아무런 생각이 나지 않았다. 단지 망각의 세계에 와서 망망대해처럼 펼쳐진 어둠 속의 탑들만을 보았을 뿐이다.

6시 50분, 쉐산도 파고다에 도착하였다. 쉐산도 파고다는 1057년 아노라타왕이 따통 왕국을 정복하고 세운 것으로 경내에 30m 길이의 와불이 있다. 이 파고다는 일출과 일몰이 유명하여 파고다 중 유일하게 옥상에 올라갈 수 있다.

버스에서 내려 계단을 올라갔다. 1분도 채 안 되어 정상에 이르렀다.

주위는 벌써 어두워졌지만 나는 땀을 닦으며 쉐산도 파고다를 한 바퀴 둘러보았다. 그때 아이들이 다가와서 물었다. “아 유 꼬리아?” 나는 고개를 끄덕였다. 그리고 그들이 떠드는 소리에서 ‘보르펜’ 하는 말을 들었다. 순간 나는 ‘앗차’ 하였다. 여행을 계획할 때 미얀마의 사정을 잘 몰라서 준비하지 못한 것이라 어쩔 수 없었다. 그래서 이곳 어린이들에게 가장 소중하고 필요한 것을 주지 못했다. 여행하는 동안 미안한 감정이 계속 뇌리에 남았다.

천년의 고도 바간에는 많은 사원과 파고다가 있다. 이곳에는 정적과 평화로움만이 감돈다. 그리고 그 고요함 속에 1천 년 전의 분위기가 깃들어 있다. 또한 소중한 인연으로 맺어진 동심의 세계가 있다.

바간은 시간이 멈춘 땅이다. 그리고 부처님의 땅이자 내 영혼의 편안한 안식처이다. 바간에서 나는 미얀마 사람들의 친절과 어린이들의 따뜻한 정을 느낄 수 있었다.

버스에 탄 다음 창밖을 바라보았다. 떠날 시간이 되자 버스가 천천히 움직였다. 어둠속에서 아이들이 손을 흔들었다. 나도 그들을 보며 손을 흔들어 주었다. 그들의 모습이 시야에서 점차 흐려져 갔다. 오늘의 어둠이 지나면 내일은 이들에게도 다시 밝은 희망의 해가 떠오를 것이다.

4월 29일

아침에 바간 공항에 도착하였다. 나는 버스에서 내려 어제 책자를 샀던 판매점으로 가서 엽서를 샀다. 그리고 껌 2통을 그녀에게 선물로 주며 아쉬운 작별을 하였다. 바간 공항은 상냥하고 친절한 아가씨와 더불어 내 마음속에 오래도록 남을 것이다.

7시 50분 비행기가 이륙하자 시내를 내려다보았다. 바간에는 바간 왕조가 망하기 전 1284년 나라띠하파티왕이 세운 밍갈라제디 파야와 나라투가 그의 아버지, 형, 아내를 살해하고 왕이 된 것을 참회하기 위해 1167년에 지은 것으로 바간에서 가장 큰 사원인 다마얀지 파야가 있다. 그런데 일정이 바뀌어 이를 보지 못해 미련이 남았다.

그래서 나는 그 탑들을 떠올리며 애수 어린 눈빛으로 멀어져 가는 도시의 그림자를 바라보았다. 책자를 보여주던 공항 판매점 아가씨도 떠올랐다. 잊지 못할 추억과 따뜻한 정을 안겨준 이곳을 떠나기 싫었다. 하지만 예정된 스케줄대로 떠나야 한다. 아, 소중한 추억과 이별의 아쉬움을 남겨두고 바간이여, 안녕.

만달레이 공항에 도착하여 곧바로 버스에 옮겨 탔다. 시내로 이동할 때 거대한 가로수들이 보였는데 영국 식민지 시대에 심어진 것이라고 한다. 2차 세계대전 때 이 길로 일본군 수송차량이 지나다녀서 연합군의 폭격을 맞아 가지가 부러진 나무들이 몇 그루 눈에 띄었다.

만달레이는 미얀마에서 양곤 다음으로 큰 제2의 도시로 인구가 약 200만 명이다. 또한 미얀마 최후의 왕조인 콘바웅 왕조의 수도였다. 미얀마는 16세기 이전까지 버마족(퉁구), 샨족(잉와), 몬족(페구)의 분열시대였다.

16세기에 이르러 퉁구 소왕국의 무사였던 민찌뇨가 잉와 왕국의 공주를 아내로 맞아 통일의 기초를 다졌다. 그가 죽자 그의 아들 따빈슈웨티가 영토를 확장하기 시작해 페구의 몬족 왕국을 정복하여 저지버마를 통일하고 페구(바고)에 퉁구 왕조를 세웠다. 그의 사후 이복형 베인냐웅이 잉와 왕조를 정복하여 3국을 통일하고 치앙마이, 아유타야, 란쌍 왕국을 정복하여 세력을 떨쳤다. 그러나 따룬왕 이후 왕국은 서서히 쇠퇴하기 시작한다.

1752년, 버마족 출신 알라웅파야는 프랑스의 지원을 받아 퉁구 왕조를 멸망시킨다. 1755년 그는 이라와디 삼각주 다곤(양곤)의 몬족을 정복하였고 1758년에는 상 · 하 버마를 통일하여 쉐보에 콘바웅 왕조를 세웠다.

3대 망그라 신뷰신왕은 1767년 태국에 쳐들어가 아유타야 왕국을 대파하고 약탈하였다. 이로 인해 태국은 방콕으로 수도를 옮기게 되었다. 그후 알라웅파야의 넷째 아들 보다파야가 왕위를 물려받았고 콘바웅 왕조는 바지도왕, 그리고 수도를 아마라푸라

▲ 우뻬인 브리지

로 옮긴 쉐보민왕으로 이어졌다. 1846년에 쉐보민왕의 아들 파간이 왕위를 물려받지만 1853년 민돈에 의해 찬탈당한다. 민돈왕은 1857년 부처님 설법 2천4백 주년 기념으로 수도를 만달레이로 옮긴다.

19세기에 이르러 콘바웅 왕조는 국경 문제로 영국군과 3차례 전쟁을 치른다. 그리하여 1824~1826년 마얀마는 아라칸 지역에서 영국군과 충돌하여 모울메인 지방을 잃었고, 1852년에는 이라와디 삼각주를 잃었다. 1885년 티보왕 때 영국군이 만달레이에 침입하여 미얀마를 합병하고 다음해 1월 영국령을 선포하였다. 2차 세계대전 때는 잠시 일본군이 점령하였다.

9시 30분, 우뻬인 브리지에 도착하였다. 우뻬인 브리지는 1920년 영국이 이라와디강에 티크 원목으로 만든 다리로, 길이가 1.2km나 되는데 군데군데 판자가 떨어져 나가 세월의 무상함

▲ 우뻬인 브리지

을 느낄 수 있었다.

나무다리를 걸어가자 강 건너편에 상점들이 나왔다. 나는 젊은 여자가 기계를 돌리고 있는 곳으로 가보았다. 가이드가 사탕수수 즙을 짜는 것이라고 말해 주었다. 오늘 처음으로 우뻬인 브리지를 건너왔다며 가이드가 짜이(사탕수수즙) 한 잔을 사주었다. 맛을 보니 시원하고 달콤했는데 생과일로 만든 만달레이의 유명한 나일론 아이스크림처럼 맛이 훌륭했다. 짜이를 마신 후 미얀마 젊은이들과 사탕수수 즙을 짜는 여자의 모습을 즉석사진에 담아주었다.

우뻬인 브리지 옆에 마하간다용 사원이 있는데 스님들이 아침 식사를 하는 시간이었다. 흰옷 입은 스님(출가 직전의 동자승)과 자색 옷을 입은 스님들이 식당 입구에 줄지어 서 있었다. 스님들이 밥을 퍼서 작은 항아리에 담자 동자승이 식기에 바나나를 하나씩 얹어주었다. 미얀마 스님들은 아침, 저녁 하루 두 끼 식사를 하는데 돼지고기와 닭고기를 즐겨 먹는다. 또한 담배는 피우지만 술은 마시지 않는다고 한다. 나는 가이드의 권유로 동자승의 공양을 대신하고 나왔다.

마하무니 파고다는 1784년 보다파야왕이 라카인주에서 가져온 마하무니 부처상을 모시기 위해 지었는데 만달레이에서 가장 신성시하고 있다. 이른 아침부터 많은 사람들이 파고다에 몰려와 불상의 얼굴을 씻기는 의식을 하고 있었다.

사원 안에는 아카시아 같은 흰 꽃목걸이를 팔고 있었는데 매우 아름다웠다. 그래서 한 개 사서 부처님께 올라가 꽃을 올려놓고 개금불사(부처님께 금박을 붙임)하고 내려왔다. 그랬더니 경찰관이 다가와 꽃값을 요구하여 1달러를 주고 나왔다. 한국식당에서 점심식사를 하고 선착장으로 가서 배를 탔다.

이라와디강은 히말라야 산맥에서 발원하여 미얀마 남쪽 안다만해로 흐른다. 강의 총길이는 2,090㎞로 이곳에서 양곤까지 흘러가는 데 일주일이 걸린다고 한다.

커다란 통나무들을 싣고 강을 거슬러 올라가는 배 한 척이 보였는데 마치 국적 불명의 운반선 같았다. 우리가 탄 배가 그 배를 추월할 때 귓가에 '따따따' 발동소리가 크게 들렸다 작아졌다. 잠시 후 서쪽에 원뿔형 혹은 종 모양의 금탑이 보였는데 먼 거리에서 태양빛을 반사하고 있었다.

배가 선착장 쪽으로 다가갈 때 밍군탑 쪽으로 무리를 지어 걸어오는 사람들이 보였다. 아마 우리를 보고 오는 것 같았다. 배에서 내리자 한 여자아이가 따라오더니 "오빠"라고 부르며 부채를 부쳐주었다. 재미있기도 하고 우습기도 하여 간단한 이야기를 나누며 함께 밍군종 쪽으로 걸음을 옮겼다.

밍군종은 1790년 보다파야왕이 밍군탑에 헌정하려고 만들었는데 탑이 완성되기도 전에 왕이 숨을 거두어 옮기지 못하고 이곳에 남아 있게 되었다. 이 종은 높이 3.3m, 무게 90톤으로 19세기 러시아에서 제일 큰 종을 만들기 전까지는 세계 최대 크기의 종이었다고 한다. 실제로 내가 본 종들 중에서 가장 컸다.

밍군종을 보고 나서 밍군탑 쪽으로 걸어가는데 좀 전의 그 소녀가 따라왔다. 그리고는 다시 부채질을 해주며 "2달러" 하는 것이었다. '부채 하나에 2달러라니….' 비싼 것 같아 못 들은 척하며 밍군탑으로 걸어갔다. 그러나 이내 마음을 바꾸어 2달러를 소녀의 손에 쥐어주고 부채를 샀다.

100m 정도 걸어가자 밍군탑이 나왔다. 밍군탑 앞에서 구두를 벗고 있는데 그 소녀가 보관해 주겠다고 했다. 이곳 공무원들은 뇌물을 받으면 그 대가로 철저히 도와준다고 하던데 그 말이 사실임을 실감했다.

계단을 올라가다 발이 뜨거워서 주춤했다. 다시 고통을 참고 올라가는데 어디선가 남자 아이들 셋이 달려와 두 명은 나를 부축해 주고 다른 한 명은 작은 나뭇가지를 한 다발 꺾어왔다. 그리고 그것을 내 앞에 놓고 밟는 시늉을 하였다. 그들의 도움을 받으며 밍군탑에 올라갔다.

보다파야왕은 세계에서 가장 훌륭한 파고다를 지으려 했다. 그러나 완성하지 못하고 숨을 거두어 탑은 미완성으로 남았다. 밍군탑은 직사각형 형태로 1838년 지진으로 인해 틈이 갈라져 있었

▲ 만달레이 왕궁 전경

다. 이라와디강과 코끼리 상을 보고 내려오는데 아이들이 다시 달려와 나뭇잎을 깔아주었다. 계단 중간쯤에 이르자 아이들이 "스쿨피" 하는 것이었다. "학비?" 지갑에서 1,500짯(kyat)을 꺼내어 500짯씩 나누어 가지라고 손짓을 하고 내려왔다.

밍군탑 부근에 흰색의 싱뷰메 파고다가 있다. 이것은 바지도가 왕위에 오르기 전 그의 첫 부인인 싱뷰메 공주를 기리기 위해 지은 것이라고 한다. 파고다를 관람한 후 선착장 쪽으로 가는데 웬 남자아이가 "스쿨피" 하며 따라왔다. 왠지 모르는 척하자니 마음이 편치 않아 요란한 옷차림을 한 여자아이에게 1천 짯을 주고 부채를 하나 더 샀다. 배가 출발하자 아이들이 손을 흔들어 주었다. 그들은 이 오지의 지구촌에서 빈곤하지만 희망 찬 미래를 꿈꾸며

살아가고 있었다.

만달레이 왕궁은 미얀마의 마지막 왕조였던 콘바웅 왕조의 궁전이다. 왕궁은 정사각형으로 한 변의 길이가 4㎞이고 면적은 50만 평이다. 왕궁 안에 군사령부가 있고 성 주위에 수심 3m 깊이의 해자(인공수로)가 둘러싸고 있다.

우리나라 경복궁에 해당되는 건물에서 영문책자 한 권을 샀다. 그리고 왕과 왕비의 사진을 본 다음 망루에 올라가 궁전을 조망하였다. 영문책자에 의하면 이 '황금궁전'은 2차 세계대전 때 연합군의 폭격을 맞아 대부분이 파괴되었다. 1942~1945년 동안 일본군에게 점령되어 궁전 건물들이 일본군 사령부와 병영막사로 쓰였는데 일본군들은 목조건물을 헐어 땔감으로 사용하였다. 게다가 영·일 전쟁 동안 이곳에 많은 포탄과 포병의 화력이 쏟아져서 건물들 대부분이 불타 없어져 그 수가 줄어들었다. 지금의 건물은 군데군데 무너진 곳을 다시 축조한 것인데 계속 복원이 진행되고 있는 중이다.

민돈은 파간왕의 왕위를 찬탈하고 왕이 되었다. 그는 법전을 편찬하고 노예를 해방하는 등 선정을 펼쳤다. 그리고 53명의 왕비에게서 110명의 자녀를 두었는데 티보가 왕

▲ 만달레이 왕궁의 왕과 왕비의 사진

▲ 쿠도도 파고다

위를 이어 받는다.

1885년 티보왕이 티크 목재에 대해 영국에 벌금을 부과하자 영국은 이것을 트집 잡아 1만 명의 병력을 동원하여 한 달 만에 만달레이를 점령하였다. 그리고 티보왕과 두 왕비 수파야랏과 수파야갈레를 인도에 데려가 유배시켰다. 티보왕은 26세 때 인도의 라트나기리로 끌려가 1916년까지 그곳에서 살았다고 한다.

쿠도도 파고다는 1857년 민돈왕이 세운 탑으로 2,400여 명의 수도승에 의해 만들어진 세계에서 가장 큰 책으로 알려져 있다. 부처님의 말씀을 새긴 높이 1.5m, 폭 1.1m 크기의 석장경이 1개씩 있는 작은 파고다 729개와 부처님 상이 있는 본탑(중앙탑)을 합쳐 모두 730개의 파고다로 이루어져 있다.

만달레이 힐 리조트 호텔에 체크인한 다음 6시에 만달레이 언

▲ 만달레이 언덕의 사원

덕으로 갔다. 산 아래에 이르러 픽업(개조한 차)으로 갈아타고 고갯길을 올라갔다. 다시 언덕 아래에 이르러 엘리베이터를 타고 올라갔다. 만달레이 언덕에서 내려 아름답고 화려한 사원을 구경하였다. 이 사원에 두 개의 코브라 상이 조각되어 있는데 이 뱀에 대한 전설이 흥미로웠다. 어느 날 한 도인이 명상에 잠겨 있는데 두 여인이 나타나 그에게 "내가 뱀 두 마리를 보내니 그 뱀을 따라가라. 그리고 뱀이 가리키는 곳에 보석이 있으니 그것을 팔아 절을 지어 부처님을 모시라"고 하였다 한다. 이 사원은 영국의 한 사업가가 기증한 철근으로 1972년에 현재의 모습으로 완공되었다.

전망대(230m)에서 이라와디 곡창지대와 만달레이 시내를 조망하였다. 부처님은 생전에 미얀마에 두 번 오셨는데 만달레이 언덕에 올라와서 이 아래에 위대한 도시가 세워질 것이라고 예언하셨다고 한다.

6시 30분, 성지순례 온 인도인 가족과 함께 일몰을 보았다. 서쪽 하늘에 걸려 있던 해가 구름 속으로 들어가 햇빛이 구름의 가장자리를 엷게 비추었다. 몇 분 뒤 해가 구름 아래로 다시 나왔다. 햇빛이 광선처럼 퍼져 서쪽 하늘을 물들이며 신비로운 분위기를 연출하였다. 이내 해가 지더니 주위에 어둠이 밀려들었다. 오직 서쪽 하늘만이 붉은 빛을 띠었다. 어떤 신비로운 전조일까, 마치 하늘이 인간세계에 계시를 내리고 있는 것 같았다. 나는 하늘에서 내리는 거룩한 영혼의 메시지를 받고 마음의 평온을 누렸다.

4월 30일

6시 30분, 호텔에서 공항으로 출발하였다. 만달레이 공항에서 이륙한 비행기는 헤호(1,000m)에 잠시 들러 승객을 태운 후 다시 이륙하였다. 산악지대를 지나갈 때 아래를 내려다보았다.

만달레이 근처의 샨 고원에는 꽃의 도시로 유명한 메이묘가 있다. 또한 샨주의 칼로에는 샨족, 인따족 등의 고산족이 살고 있는데 샨족은 우리와 모습이 닮았고 김치를 먹는다. 인따족은 대부분 불교를 믿는데 이들의 음식은 멸치볶음 등 한국과 똑같다고 한다.

샨주의 냥쉐(1,328m)에는 인레 호수가 있다. 인레 호수는 길이 22km, 폭 11km로 미얀마에서 가장 큰 호수이다. 호수에는 수상농장, 담배농장, 대장간, 그리고 고양이가 점프하는 중국 사원이 있다. 인따족 어부들은 한쪽 발로 노를 저으며 대나무로 만든 그물로 고기를 잡는다.

▲ 로까찬다 좌불상

호수 중앙에는 5개의 불상이 모셔져 있는 퐁다우 파고다가 있다. 10월이 되면 한 개의 불상을 남겨두고 4개의 불상을 호수로 옮기는 의식을 하는데, 1965년 축제 때 5개의 불상을 싣고 가던 배가 이유 없이 호수에서 전복되었다고 한다. 불상 4개는 물속에서 찾았지만 1개는 끝내 못 찾아 건져 올린 불상 4개만 싣고 사원으로 돌아왔다. 그런데 없어졌던 불상 1개가 수초와 진흙이 묻은 채 원래 있던 자리에 있었다고 한다.

10시 30분, 양곤에 도착하여 로까찬다로 갔다. 로까찬다는 2년 전에 어떤 사람이 기증한 1천 톤의 옥으로 만든 세계 최대의 연옥 좌불상이다. 이 불상은 높이가 8m, 무게는 약 600톤으로 새들의 배설물 때문에 유리관을 씌워놓았다. 보리수나무 아래서 잠시 쉰 다음 로까찬다에서 나왔다.

짜욱탓지 파고다는 짜욱(여섯) 탓지, 즉 여섯 번 도금 또는 손질하여 만들었는데 파고다라기보다는 와불상을 모신 전시관이라 할 수 있다. 철조 건물로 지은 파고다 안에 금빛 가사를 걸친 부처님이 옆으로 누워 있다. 높이 19m, 길이 67m, 무게 88톤으로 미얀마에서 두 번째로 큰 와불상이다. 이 불상은 2천 년 전에 처음 조성되어 1930년에 현재의 모습으로 완전히 변형되었다.

페구는 16세기까지 몬 왕조의 수도였다. 이곳에도 길이 55m, 높이 16m의 쉐달랴옹 와불상이 있다. 1881년 영국군이 페구에 철로를 건설할 때 한 토건업자가 불상을 발견하였다고 한다. 이 불상은 994년 몬족의 미가디파왕이 부처님이 열반에 들기 하루 전날의 모습을 조각한 것이다.

한일관에서 점심식사를 한 후 깐도지 왕궁 호텔에 체크인하였다. 호텔에서 잠시 쉬었다가 2시에 다시 모여 근처에 있는 까바예 파고다로 갔다.

▼ 짜욱탓지 파고다의 67미터 와불상

까바예 파고다는 1948년 미얀마가 영국으로부터 독립한 후 당시 인도의 네루 수상으로부터 부처님의 진신사리를 기증받아 1952년 미얀마의 초대수상 우누에 의하여 완공된 황금빛 파고다이다. 가로 139m, 세로 113m 크기로 1만 명을 수용할 수 있으며 부처님의 진신사리가 안치되어 있다. 1956년 제6차 세계 경전 결집대회가 이곳에서 개최되었고, 2004년에는 세계 불교대회가 열렸다고 한다.

▲ 마하빠따나 동굴

내부 수리중인 마하빠따나 동굴과 쉐도 파고다를 본 다음 인야 호수로 갔다. 양곤에는 띤잔(물 축제) 축제가 있다. 바간 왕조의 마지막 왕 나라띠하파티는 사람들의 행렬을 만들어 이라와디 강물을 끌어와 궁중에서 물 축제를 즐겼다. 지금은 축제 때 인야 호의 물을 사용하는데 인야 호수는 2,500년 전 땅을 파서 만든 인공호수이다.

미얀마는 4월 14일~16일이 띤잔 축제일이고 17일이 새해이다. 축제기간에 사람들은 묵은해의 잔재를 물로 깨끗이 씻어내고 새해를 맞이한다. 축제 마지막 날 밤에는 무대를 설치하여 연극과 민속무용, 음악의 향연을 베푼다.

인야 호수에서 내려 호반의 찻집으로 갔다. 테이블 의자에 앉아 호수를 바라보며 러펫예(lapieye, 어린 찻잎을 참기름에 담가 발효시킨 후 연유를 타서 먹는 미얀마 전통차)와 녹차를 마셨다. 그리고 강형갑 씨가 산 미얀마 맥주를 함께 마시고 있는데 흙빛의 인도인이 새장을 들고 와 가이드에게 새 점을 봐주었다.

나는 새가 부리에 문 종이를 펼쳐 점괘를 읽어주는 인도인을 바라보며 생각에 잠겼다. 관광지에 사는 미얀마 주민들은 밥을 제대로 먹고 산다. 그러나 북부 산간지역의 주민들은 끼니를 거를 때가 많다고 한다. 차에 타자 인도인이 버스 주위를 서성거렸다. 그와 눈이 마주치자 그의 힘없는 모습에서 왠지 모를 연민을 느꼈다. 버스가 떠날 즈음 '나도 새 점을 볼걸' 하는 후회가 밀려들었다.

하나로 식당에서 저녁을 먹고 호텔로 돌아오니 가이드가 오늘 자신의 생일이라며 기념으로 맥주를 사겠다고 제안하였다. 그래서 일행 중 몇몇과 함께 나이트클럽에 갔다.

맥주를 마시고 있는데 아가씨가 들어왔다. 내 파트너는 리빠라는 이름의 아가씨였는데 나를 무대로 이끌었다. 무대에서 춤추는 미얀마 젊은이들의 열기는 대단했다. 나는 춤추는 인파 속에서 목석처럼 서 있는 경찰관 3명을 보았다. 지금도 미얀마에는 보이지 않는 감시체제가 있다. 그래서 외국인이 현지인의 가정에서 숙박하는 것을 금지한다고 한다.

11시경에 패션쇼가 시작되자 무대 쪽으로 자리를 옮겼다. 모델들이 받는 꽃다발이 그들의 수입이라고 한다. 그래서 가이드에게 1천 짯으로 환전하여 여러 개의 꽃다발을 샀다. 새로운 모델들이 등장할 때마다 꽃다발을 들고 나갔다. 그래서 갖고 있던 미얀마 지폐를 꽃다발 사는 데 아낌없이 다 써버렸다.

패션쇼를 관람하며 미얀마가 점점 개방화되고 있다는 분위기를 느낄 수 있었다. 현란한 음악 속에 활기찬 모습으로 무대 위를 당당하게 누비는 여자 모델들, 사회주의 체제에서 살아온 미얀마인들은 그들의 모습에서 분명 자유와 개방을 갈망할 것이다.

5월 1일

깐도지 왕궁 호텔에서 나와 국립묘지로 갔다. 버스는 주유소를 지나 9시에 아웅산 국립묘지에 도착하였다.

1983년 10월 9일, 북한 공작원 3명은 이 주유소에서 버튼을 눌러 묘소 양쪽에 설치한 폭탄을 터뜨렸다. 이때 한국정부 요인 17명이 사망하였는데 전두환 대통령 내외는 3분 늦는 바람에 생명을 건졌다. 이 사건 이후 국립묘지는 출입이 통제되고 미얀마 방위군 초대 사령관이었던 아웅산 장군이 서거한 날(1947년 7월 19일)만 입장이 허용된다.

아웅산 국립묘지 앞에 쉐다곤 파고다가 있다. 쉐다곤 파고다는 2500년 전 부처님 생존 시 세워졌다고 추정하고 있는데, 미얀마의 두 형제 상인 티푸샤와 발리카가 인도에 무역을 하러 갔다가 부처님께 벌꿀을 공양하고 머리카락 8본(가닥)을 받아왔다. 그리고 인야 호수를 파서 만든 싱구타라 언덕에 쉐다곤 파고다를 세우고 이를 봉안하였다고 한다. 쉐다곤 파고다는 미얀마 최대의 불탑으로 미얀마 불교의 상징이자 정신적인 지주이다.

나는 안에 들어가서 온통 황금빛인 쉐다곤 파고다를 보고 탄성을 질렀다. 파고다는 처음에 높이가 8.2m에 불과했으나 그 후 후대 왕들이 증축하여 지금은 중앙에 100(99.6)m 높이의 황금 원뿔 금탑이 솟아 있고 주위에는 금빛 건물들이 둘러서 있다. 탑의 꼭대기에는 미얀마의 역대 왕들이 바친 루비, 사파이어, 다이아몬드 등 수천 개의 보석들이 박혀 있다. 그중 루비는 1,800캐럿이라고 한다. 사원의 탑과 불상들이 금빛으로 빛났고 금으로 도금한 거대한 파고다가 햇빛을 반사하여 눈이 부셔 얼굴을 찡그리며 사원 안을 걸어 다녀야 했다.

사원 안에 큰 보리수가 있는데 이 보리수는 부처가 득도한 나무를 스리랑카에 심었다가 다시 받아와서 이곳에 심은 것이다. 쉐다곤 파고다 앞으로 가자 향내가 짙게 풍겨왔다. 쉐다곤 파고다와 관련된 사진들을 본 다음 마하위자 파고다로 갔다.

▲ 양곤의 쉐다곤 파고다

▲ 마하위자 파고다 내부

마하위자 파고다는 30년 전에 세운 탑으로 내부 팔면에 전국의 불상들을 배치해 놓았다. 그중 짜익티요 파고다 사진이 눈길을 끌었다. 이 황금빛 파고다는 깎아지른 듯한 절벽의 바위 위에 세워져 있어 보는 사람의 마음을 조이게 한다.

모든 일정을 마치고 호텔에 들러 가방을 갖고 나왔다. 문득 바간의 파고다와 만달레이의 밍군탑에서 만났던 아이들이 생각났다. 나는 현재와 과거라는 시간적 공간 속에서 인생을 더듬어보았다. 내 인생의 뒤안길에서 볼 때 미얀마 여행은 내게 어떤 의미로 남아 있을까. 나그네처럼 잠시 왔다 떠나가지만 그 짧았던 만남에서 따뜻한 정을 가슴 깊이 느꼈다. 그리고 그것은 소중한 인연으로 추억의 한 페이지를 장식할 것이다.

제4편

베트남 북부
여행기

하롱베이의 뱃놀이

비는 대지의 먼지를 씻어주고 사람의 마음을 차분하게 가라앉힌다. 나는 아파트 베란다에 나와 비 오는 거리를 바라보았다. 우산을 쓰지 않은 사람이 허둥지둥 뛰어가는 모습이 보였다. 잠시 뒤 빗줄기가 더욱 거세지고 빗방울이 유리창에 부딪혀 흘러내렸다.

문득 하노이에서 잠깐 동안 퍼붓던 비가 생각났다. 나는 빗방울을 보며 베트남에서 있었던 일들을 떠올렸다.

2004년 6월 11일

하노이 노이바이 공항에 밤늦게 도착하였다. 공항은 한국인 관광객들로 몹시 붐볐다. 이 때문에 입국수속을 마친 다음 헤매다가 겨우 일행을 만나 11시 10분 버스를 탔다.

2년 전 하노이에 온 가이드는 베트남이 한류열풍의 진원지라고 하였다. 1997년 '첫사랑'을 시작으로 '유리구두', '겨울연가'가 베트남 TV에서 방영되자 큰 호평을 받았다고 한다. 그래서 지금도 한국 드라마가 방영되는 시간은 거리가 한산하다고 한다.

15분 뒤 탄농교를 건넜다. 탄농교는 러시아가 1958년 건설해 준

길이 3.2㎞의 다리인데 위가 자동차 도로, 아래는 철교로 되어 있다. 이 다리에 LG 광고판이 걸려 있어 LG 다리로 불리기도 한다.

한국 대사관 옆에 있는 대우 하노이 호텔에 도착하여 체크인하였다. 방에 들어가 보니 테이블 위에 과일 바구니가 놓여 있었다. 나는 맥주와 람부탄, 망고 등 열대과일을 먹으며 하노이에서 멋진 첫날 밤을 보냈다.

6월 12일

9시 30분 호텔에서 나와 버스에 올랐다. 오늘 일정은 닌빈의 땀꼭 관광이다. 하노이에서 닌빈까지 2시간 반 정도 소요된다.

베트남은 면적이 331,114㎢이고 인구가 약 8천만 명이다. 행정 구역은 하노이, 호치민, 하이퐁, 다낭 등 4개의 중앙 직할시와 57개의 성으로 구성되어 있다.

수도 하노이는 34개의 인공 호수가 있어 호수의 도시로 불린다. 또한 600여 개의 옛 탑이 있어 탑의 도시라고도 하며, 정치적 성격이 짙어 회색 도시로도 불린다. 이 도시는 생활필수품을 자체 생산하는 능력이 없어 물가가 비싸고 빈부 격차가 크다.

베트남은 국민의 80%가 불교와 기독교, 가톨릭을 믿고 있다. 민족은 인구의 89%가 베트족(Viet)이고 그 외 53개의 산악 소수민족으로 구성되어 있다. 이 소수민족의 다양한 문화와 풍속이 관광객들을 매료시킨다.

자오족은 검은색 옷을 즐겨 입으며 빈랑이란 열매를 씹어 이빨이 새까맣다. 옛날 자오족에 미인이 많아 다른 종족의 총각들이 탐을 내어 종족 간에 큰 싸움을 하였다. 그 뒤 결혼하면 여자들이 눈썹을 모두 뽑아버렸다고 한다.

반돈 지방에 살고 있는 에데족은 음악을 즐기고 손님 접대하기를 좋아한다. 그래서 방 안에 술 항아리와 악기, 큰 북을 준비해 놓고 있다. 에데족의 구전문학에는 민족의 신화와 전설을 노래한 대 서사시 '칸(Khan)'이 있다.

베트남은 소수민족의 전통문화를 보존하기 위해 고산족 마을에 외부인의 출입을 엄격히 통제하고 있다. 그래서 북부의 사파와 박하 마을만 관광객에게 개방하고 있다.

사파의 토요시장은 관광객들을 위한 시장이다. 이에 반해 박하의 일요시장은 현지 소수민족들의 시장이라 할 수 있다. 일요일이면 박하에 플라우어 흐몽족의 재래시장이 선다. 시장은 이른 아침부터 화려한 전통의상을 입은 소수민족들로 북적댄다. 하지만 곧 먼 길을 가야 하므로 정오가 지나면 시장은 파장을 맞는다.

베트남 여자들은 논이라는 삿갓 모양의 베트남 전통 모자를 쓰고 아오자이를 입고 다닌다. 아오자이는 18세기에 후에의 군주와 고관들이 참파국 여성의 속옷을 보고 창안하였다. 이 옷은 남부에서 유행하였는데 소매가 넓고 길이는 정강이까지 내려와 남녀 간 사랑의 정사에 아오자이의 두 자락 긴 천이 유용하게 쓰였다고 한다.

1975년 베트남이 통일되자 정부는 아오자이 착용을 금지하였다. 그러다 1990년대에 스튜어디스, 관공서와 호텔 여직원들의 유니폼으로 지정하였다. 특히 하얀 아오자이는 여고생들이 교복으로 입고 있다.

베트남은 오토바이와 중고차의 매연이 심하다. 이 때문에 헝겊으로 마스크를 하고 오토바이를 타고 가는 여자들을 흔히 볼 수 있다.

1986년 도이모이(쇄신) 정책 실시 이후 베트남은 쌀 생산 2위 국가가 되었다. 또한 세계 2위의 커피 생산국이다. 하지만 이들은 느응짜(전통차)와 느응미아(사탕수수 즙)를 즐겨 마신다.

베트남 음식으로 퍼와 컴이 있다. 퍼(베트남 쌀국수)는 돼지고기나 닭고기 육수에 삶은 면을 넣고 그 위에 숙주 등 각종 야채와 어묵, 고기 등으로 고명을 얹어 먹는다. 컴(밥)은 주문에 따라 닭고기 또는 돼지고기를 얹어 먹는다. 이 외에도 저렴한 반미 빵과 전통 국수 분짜도 있다. 베트남인들은 새우와 야채를 라이스페이퍼에 말아 싼 고이꾸온(월남쌈)과 저민 고기, 버섯, 당면 등을 넣고 튀긴 짜조(전통만두)도 즐겨 먹는다.

버스는 시내를 벗어나 한국에서 건설한 1번 국도를 달렸다. 잠시 후 고속도로에 진입하였다.

베트남은 우리나라와 비슷한 점이 많다. 영토 북쪽이 중국과 접한 점, 국토 모양도 비슷하고 바다를 인접하고 있는 점, 또한 중국의 침략으로 점철된 역사와 해방 이후 분단국이 되고 첫 정권 이후 군사정권이 들어서는 것까지 닮았다.

홍방이 베트남에 최초의 국가 반랑을 세웠다고 한다. 그러나 기원전 257년 코로아 성채에 원주민이 살면서 본격적인 베트남 역사가 시작된다. 툭판 왕조(어우락국)는 홍강 일대의 청동기문화인 동선문화를 창조한다. 그러나 기원전 219년 어우락국은 중국 진시황제의 지배를 받는다.

진시황 사후 기원전 207년 남해부의 진나라 장수 찌에우다(조타)

가 독립하여 광주에 남월국을 건국하였다. 남월국은 기원전 111년 한나라 무제의 침입으로 멸망한다. 43년 징측과 징이(쫑) 자매가 한족에 대항하여 2년간 싸웠지만 복파 장군 마원에게 진압되어 처형당한다. 이후 679년 베트남에 안남도호부가 설치되는 등 베트남은 1천여 년 동안 중국의 지배를 받는다.

939년 오권(응오꾸엔) 장군이 박당강에서 5대10국의 하나인 남한을 격파하고 베트남에 최초의 독립 왕조를 세웠다. 968년 딘 보 딘은 닌빈의 호아루에 나라를 세우고, 972년 국호를 다이비엣이라 하였다. 그러나 곧 레 왕조가 들어서는데 이를 계기로 중국은 베트남의 독립을 인정하게 된다.

11세기 초 리 타이토(李太祖)가 탕롱(하노이)에 대월국을 세웠다. 리 왕조는 1075년 송나라의 침입을 물리치고 베트남 중 · 북부를 지배하였고 진랍국, 즉 오늘날 캄보디아와 전쟁을 하였다. 그 후 베트남은 쩐 왕조, 레 왕조, 그리고 완 왕조로 이어졌다.

15세기 초 쩐 왕조가 쇠약해지자 명나라가 침략한다. 그러나 1428년 레로이가 명군을 몰아내고 탄호아에 나라를 세운다. 레 왕조는 1471년 성종(탕통)이 참파의 반라 자드안왕의 10만 대군을 격파하고 참파를 복속하는 등 막강했지만 16세기 초 제후의 반란으로 분열된다. 그리하여 북부는 정씨가, 남부는 완씨가 약 200년간 통치하는데 완씨는 영토를 확장하여 1720년에 중부의 참파 왕국을 몰아낸다.

1771년 퀴논지역의 타이손에서 응웬 삼형제가 농민반란을 일으킨다. 이들은 7년 뒤 남 · 북 두 왕조를 멸하고 응웬후에가 왕위에 오른다. 그는 청나라 건륭제의 20만 대군을 격파할 정도로 막강했다.

1802년 남부의 응우엔 가문의 왕자 완복영은 프랑스 선교사 피뇨의 군대에 도움을 요청하여 타이손 삼형제의 난을 진압하고 후에에 비엣남을 건국하였다. 그는 유교적 법제 정비, 해군 창설, 관개 시설을 복구하고 도로를 건설하는 등 치적을 남겼다. 베트남은 그의 통치기간에 황금시대를 누리게 되었다. 그가 바로 지아롱 황제로 베트남의 아버지라 불리고 있다.

완 왕조는 지아롱 황제의 뒤를 이어 전성기를 누린 2대 민망왕, 후궁 100여 명을 두고 35년간 호화로운 생활을 한 투덕왕, 12대 카이딘왕, 그리고 마지막 황제 바오다이 등 13왕이 통치하여 144년간 이어졌다.

후에 시내를 구불구불 돌아서 흐르는 강가에 10명의 완 왕조 황제가 묻혀 있다. 완 왕조 말 향수공주가 이곳에 향이 나는 꽃나무를 심어 강가에 늘 꽃향기가 가득했다고 한다.

11시 20분, 휴게소에 들렀다가 다시 출발하였다. 10분 정도 지났을 때 창밖에 낮은 산봉우리들이 보이기 시작하였다. 한동안 수려한 산들이 계속 이어졌다. 정오 무렵, 버스가 용 두 마리가 조각된 다리를 건너 닌빈 선착장에 도착하였다.

닌빈은 닌빈성의 성도로 경치가 아름다워 육지의 하롱베이라 불린다. 산세가 험하여 외적의 침입을 막기 적합해 몽골 침입 때 왕이 땀꼭에 피난하였다고 한다. 이곳은 딘 왕조와 레 왕조의 수도였으므로 호아루 사원 등 딘, 레, 리, 쩐, 레 왕조의 유적지가 지금도 남아 있다.

근처 식당에서 식사한 다음 반람 선착장에서 일행 한 명과 함께 배를 탔다. 1시 10분, 삼판배가 출발하였다. 이제부터 배를 타고 땀꼭(세 동굴)까지 3km 정도를 거슬러 올라간다. 앞에서 사공 한 명이 노를 젓고 다른 한 명은 뒤에서 장대로 밀어냈다. 주위는 원통형의 암산 봉우리와 기괴한 바위들로 이루어져 경치가 매우 아름다웠다. 내가 조용히 경치를 감상하고 있는데 베트남 청년 한 명이 배를 타고 다가왔다. 그러더니 사진을 찍으라고 정신없이 소리쳐 댔다. 감흥이 깨졌지만 몇 번 포즈를 취해 주었다. 배가 강의 협곡을 통과하자 그는 자취를 감추었다.

수로 양쪽에 수중 재배하는 벼가 보였는데 오리들이 자맥질하고 있었다. 얼마쯤 가자 흐르는 물이 만들어낸 첫째 동굴 항카(130m의 제일 긴 동굴)가 나왔다. 좌측으로 돌면서 배가 동굴을 통과하였다.

▼ 발로 노 젓는 사공

▲ 땀꼭

동굴을 벗어나자 다시 수려하고 아름다운 경관이 펼쳐졌다. 어디선가 이름 모를 새소리와 풀벌레 소리가 들려오고 모든 것이 평화로웠다. 오리는 강가에서 한가로이 놀고 할머니는 여유롭게 발로 노를 저었다. 배가 두 번째 동굴인 항하이와 세 번째 동굴 항바를 통과하였다.

40분 뒤 땀꼭에 도착하였다. 그런데 대기하고 있던 배 한 척이 우리 쪽으로 다가와 그 배에 타고 있던 할머니가 사공에게 음료수를 사주라고 조르는 것이었다. 그래서 음료수와 과일을 사서 할머니에게 음료수를 건넸더니 할머니는 다시 노를 젓기 시작했다.

나는 롱간을 먹으며 경치를 감상하였다. 바위 절벽의 좁은 공간에 자리를 잡고 자라는 나무들이 운치 있어 보였다. 오리들은 수생식물과 베어진 벼 사이의 틈새를 요리조리 헤엄쳐 다녔다. 그것은 한 폭의 아름다운 풍경화였다.

그런데 노를 젓던 할머니가 트렁크 박스를 열고 옷과 물건들을 꺼냈다. 그녀는 65세로 아들이 하나 있다며 앞에서 노 젓는 젊은이를 가리켰다. 그러더니 옷을 사라고 조르기 시작하였다. 한동안 모른 척하다가 결국 그 끈기에 굴복하여 티셔츠 2개를 샀다.

그녀는 베트남어 몇 가지를 가르쳐주었다. 그래서 '씬 짬비엣(안녕히 계세요)', '아잉요앰(사랑해요)' 등을 배웠다. 선착장에 도착하여 배에서 내릴 때 할머니에게 과일 한 송이를 주며 애교 있게 "아잉요앰" 하고 가볍게 뛰어내렸다. 그러자 할머니의 입이 크게 벌어지고 이마의 주름이 깊어졌다.

선착장에서 나오는데 좀 전에 사진을 찍던 그 젊은이를 다시 만났다. 젊은이는 사진을 보여주며 8장에 만 원이라고 외쳤다. 베트남인은 여행자만 보면 물건을 팔려고 한다. 이 끈질긴 호객꾼 때문에 지쳐서 짜증을 냈다. 그런데 일행 중 한 명도 사진을 사지 않기에 흥정도 하지 않고 8달러를 주고 나왔다.

하노이에 돌아와서 젊은이에게 보인 내 행동을 생각하며 후회하였다. 베트남은 생활필수품이 비싸다고 한다. 만약 내가 이곳에 오지 않았더라면 그는 필름 값을 날리는 게 아닌가…. 우리도 이전에 외국인에게 바가지를 씌우지 않았는가. 우리나라 실정을 생각하니 충분히 이해할 수 있는 부분이었다.

이런저런 생각에 언젠가 신문에서 읽은 기사가 떠올랐다. 30대 초반의 한국인이 베트남으로 파견근무를 나왔다. 그는 베트남 여자와 몇 년간 동거를 하면서 아이를 한 명 낳았다. 근무기간이 끝나자 다시 돌아오겠다고 약속하고 한국으로 떠난 뒤 소식이 끊겼다고 한다. 그 베트남 미혼모는 아이와 함께 궁핍한 생활을 하고 있다고 한다. 이런 한국인이 있다는 사실이 부끄러웠다.

6월 13일

아침식사를 하고 호텔에서 투도호수를 구경하였다. 9시 30분, 차를 타고 잠시 후 바딘광장에 도착하였다.

호치민은 사회주의 베트남 건국의 아버지이다. 베트남인들은 호치민을 박호(호치민 아저씨)라고 부른다. 그의 묘 앞에 사람들이 줄지어 서 있었다.

호치민 묘는 1975년에 20개의 대리석 기둥을 세워 지은 정사각형의 석조건물로 베트남 국화인 연꽃 모양을 하고 있다. 묘는 오전에만 개방하고 월, 금요일은 문을 닫는다. 입장할 때 슬리퍼, 반바지 차림으로는 입장할 수 없으며, 방문객은 200m 지점에서 카메라나 캠코더를 보관소에 맡기고 전방에서부터 걸어 들어가야 한다.

▼ 호치민 묘

일행은 카메라를 가이드에게 맡기고 사람들을 따라갔다. 호치민 묘소 입구에서 붉은 주단을 따라 걸어가서 계단을 올라갔다. 직사각형의 유리관 안에 호치민 시신이 안치되어 있고 조명 빛이 그의 상반신을 비추고 있었다. 그의 시신은 매년 10월 3일부터 12월 3일까지 러시아로 옮겨가서 방부제 처리하고 온다고 한다.

10시 정각에 바딘광장으로 나왔다. 베트남은 완 왕조 건국 때 프랑스로부터 군사 원조를 받은 대가와 선교사 살해사건으로 1862년 투덕왕 때 남부지역을 프랑스에 할양해 주었다. 1883년 프랑스는 아르망 조약을 체결하고 이 지역을 '코친차이나'라 불렀다. 그리고 1887년에는 베트남을 코친차이나, 안남(중부), 통킹(북부) 3개 지역으로 나누어 통치하였다.

그 후 베트남은 1940년부터 일본의 지배를 받는다. 1945년 일본이 패망하자 그해 8월 30일 호치민이 바오다이 황제에게 통수권의 상징인 황금보도를 물려받음으로써 베트남 왕조는 막을 내린다.

1945년 9월 2일, 호치민은 바딘광장에서 독립선언문을 낭독하고 임시 베트남 민주공화국을 수립하였다. 그러나 프랑스가 베트남의 독립을 인정하지 않고 다음해 침략하면서 1차 인도차이나 전쟁이 일어난다. 이에 호치민이 이끄는 베트남군은 농기구와 죽창만으로 프랑스군과 싸워 8년 뒤 디엔 비엔 푸에서 승리를 거두어 전 세계를 깜짝 놀라게 하였다.

'주석 호치민' 묘소 양쪽에 붉은 글씨가 쓰여 있는데 오른쪽은 '호치민은 우리들 마음속에 영원히 기억될 것이다'이고, 왼쪽에는 그의 어록 '베트남이여 영원하라'이다.

바딘광장 남쪽에는 국회의사당이, 동쪽에는 프랑스 총독부 건물이 있다. 호치민은 이 총독부 건물에서 1954년부터 1969년 9월까지 집무를 보았는데 지금은 영빈관으로 사용하고 있다.

일행은 다시 한 줄로 서서 호치민 저택으로 갔다. 작은 목조건물로 된 저택의 1층은 서재 겸 집무실이고 2층은 침실이다. 이 저택에서 호치민이 1958년에서 1969년까지 살았다고 한다. 책과 고무신 등 그가 사용했던 물건들이 안에 전시되어 있었다.

호치민은 베트남의 아들이라고 불린다. 그는 80 평생을 독신으로 지내며 검소한 생활을 하였다. 평소에 『목민심서』를 즐겨 읽어 연설할 때 그 책의 내용을 자주 인용하였다고 한다. 비록 공산주의자였지만 그는 베트남의 '독립'과 '통일'이라는 두 가지 과업을 이루었다. 그리고 일신의 호화로운 삶보다는 함께 살며, 함께 먹고, 함께 일한다는 정신으로 백성을 위한 정치를 하여 베트남 국민들로부터 위대한 지도자로 추앙받고 있다.

그런데 대한민국을 건국한 이승만 대통령은 독재자라는 이유로 비판을 받는다. 이승만은 구한말에 태어나 독립운동을 하다 투옥되었다. 출옥 후 미국으로 건너가서 유학하며 외교적으로 독립운동을 전개해 왔다. 저서 『일본 내막기』를 통해 미국에 대한 일본의 침략 위협도 내다보았으며 자주독립은 그의 신념이었다.

광복 후 대한민국을 건국하였고 한국동란 때는 UN군을 끌어들여 풍전등화의 위기에 처한 나라를 구하였다. 정전 후에는 한미상호방위조약을 체결하여 남한 내에 미군의 주둔을 성사시켰다. 그는 초대 대통령으로 독재라는 오점을 남겼지만 국민의 뜻에 따라 하야(下野)하였다.

그런데 초대 대통령 이승만에 대해서는 정읍 발언 등 해방 후의 일만 알려져 있다. 이는 이승만이 독립운동을 했던 사실을 없애버리고 그의 독재만 강조하여 반사적 이익을 얻으려는 혼란스런 세력에 의해 그의 독립운동 업적이 숨겨진 것이다.

최근에 운동권 노래가 청와대에서 불렸다는 신문기사를 읽고 걱정이 앞섰다. 이들이 자유민주주의에 입각하여 건국한 대한민국을 부정적으로 보기 때문이다. 그러나 대한민국은 미군정을 거쳐 공산주의자들이 극성부리던 혼란기에 건국하여 한강의 기적이라는 경제성장을 이룩해 냈는데 이러한 경제성장도 그가 해낸 안보의 토대 위에서 가능했던 것이다.

10시 50분 바딘광장에서 나와 한기둥 사원으로 갈 때 민속 공예점에 잠깐 들렀다. 두 남녀가 무대에 나와 남자는 끄나를 연주하고 여자는 나무막대기를 들고 트렁을 쳤다. 이어 두 여자가 나와 원반을 들고 노래를 불렀다. 그 뒤에서 한 여자가 대나무로 만든 악기를 손으로 쳤다. '퉁퉁' 소리가 나며 베트남의 전통음악이 들려왔다. 나는 베트남 전쟁 때 유행했다는 노래 '텝부람 사이공'

▼ 민속공연

이 생각났다. 그리고 그 노래가 어떤 곡일까 하고 생각에 잠겼다.

끝으로 남자가 피리로 아리랑을 연주하였다. 피리로 연주되는 아리랑 가락이 감미로우면서도 구슬프게 들렸다. 나는 그 악기가 에데족의 켄(Khen)이 아닌가 생각했다. 켄 연주를 들으면 연주자가 우는지 또는 웃고 있는지 알 수 있다고 한다. 아니면 흐몽족의 피리 사오(Sao)일까. 사오는 음이 속삭이듯 감미로워 청중의 마음을 사로잡는다고 한다. 어쩌면 사오가 나를 감동시켰는지 모르겠다.

한기둥 사원에 이르렀다. 이것은 리 왕조 때 리콩구언(리타이토) 왕이 꿈속에서 관세음보살을 본 뒤 1048년 왕비가 늦둥이 아들을 낳은 것을 기념하기 위해 지은 사원이다. 왕은 연못 안에 지름 1.25m의 원통형 석주 위에 가로, 세로 3m의 정사각형 사원을 세웠는데 일주사라고도 불린다.

문묘(문학사원)는 리 왕조 때 유교를 받아들이고 공자를 모시기 위해 1070년에 세웠다. 안에 들어가자 왕이 행차하던 중앙로와 문관들이 다녔던 갓길이 나왔다. 문묘 한가운데에 직사각형의 연

▼ 일주사

▲ 문묘

▲ 문묘 안의 연못

못이, 그 우측에는 82개의 거북 비석이 있었다.

문묘 안에 설치된 국자감은 베트남 최초의 국립대학이다. 레 왕조의 탕통왕은 1482년 처음 과거시험을 실시하고 이후 3년마다 시행하였다. 그리하여 레 왕조는 약 300년 동안 박사 1,306명을 배출하였다. 과거 급제자의 이름과 생년월일, 출생지가 거북이 등에 세운 비석에 새겨져 있는데 더러 글자가 지워져 있는 것도 있다. 거북이 머리가 다양한데 거북의 머리가 위로 올라간 것은 그 해에 비가 많이 왔고 아래로 내려간 것은 가뭄이 들었음을 뜻한다고 한다.

▲ 문묘의 공자상

문묘에서 나올 때 비가 거칠게 쏟아졌다. 길가에서 과일 파는 상인들이 소낙비를 보고 놀란다. 망고스틴, 람부탄, 수박 등을 보니 과일이 먹고 싶어졌다. 그래서 가인(소쿠리 2개를 단 대나무 지게)을 진 여자에게서 롱간을 산 다음 차에 탔다. 베트남의 점심시간은 '시에스타'라고 하여 11시 30분~1시 30분까지는 학교, 은행, 박물관 등이 문을 닫는다. 그래서 오전 일정을 일찍 끝내고 점심식사를 한 다음 하롱베이로 출발하였다.

하롱베이는 하노이에서 북동쪽으로 180km 거리에 있으며 가는데 3시간 30분이 소요된다. 가는 도중 일본인이 운영하는 수공예 판매점에 들렀다. 판매점에 들어가자 여점원들이 인사를 하였다. "씬짜오(안녕하세요)?" 나는 이곳에서 한국말을 일체 사용하지 않기로 했다. 그리고 일행인 배현모 씨와 함께 물건을 보며 물었다. "바오니오 띠엔(값이 얼마입니까)?" 여점원이 "00달러" 하자 그가 "막꽈아(비싸다)" 하였다. 나는 미안해서 "레이띠엔(싸다)" 하고 말했다. 그런데 그가 갑자기 여점원에게 "아잉요앰(사랑해요)" 하자 복숭앗빛 아오자이를 입은 베트남 아가씨의 얼굴색이 붉어졌다.

괜스레 미안한 마음이 들어 그녀에게 즉석사진을 찍어주었다. 그런데 이것이 금방 소문이 퍼져 여점원들이 몰려와 자신들도 찍어달라며 졸랐다. 필름이 다 떨어져 다시 물건들을 구경하다 연꽃차를 샀다. 그때 파란색 옷을 입은 여자가 와서 사진을 찍어 달라고 하였다. 사진기를 보여주며 필름이 없다고 하는데도 계속 졸라서 기사에게 차 트렁크를 열어달라고 부탁하여 필름을 꺼내왔다. 그랬더니 어디선가 한 무더기의 여점원들이 우르르 몰려와 10장의 필름이 순식간에 동났다.

2시 30분, 버스를 타고 홍강철교를 건넜다. 하롱베이로 가는 동안 롱간을 먹으며 경치를 구경하였다. 황금빛 논과 낮은 야산지대가 계속 펼쳐졌다. 잠시 후 2개의 화력 발전소가 멀리 보였다. 이 발전소는 남부에 쿠데타 의혹이 있어 북쪽에 지은 것이라고 한다.

통일이 되었지만 베트남은 지금도 남북 갈등이 많다고 한다. 통일 직후 북쪽 사람은 사회의 상층부에 군림하고, 남쪽 사람은 패전 국민으로서 주로 하층민에 속하게 되었다. 당시 남베트남 군인이었던 사람들은 등급에 따라 노역과 혹독한 재교육을 받았다. 그들은 공공기관에 취직이 안 돼 노동이나 노점상을 하며 살아가고 있다. 한 예로, 남베트남 출신의 어느 하사는 통일 후 북쪽 사람에게 잡혀 산속으로 끌려갔다. 그는 거기서 5년간 노역생활을 하고 풀려나와 지금은 오토바이 기사를 하며 살아간다고 한다.

베트남은 화산 이씨, 월남전과 그로 인한 라이따이한 등 역사적으로 우리나라와 인연이 깊다.

리 왕조의 8대왕 후에통(惠宗)이 태자로 있을 때 반란이 일어났다. 태자는 타이신(太平) 지역의 세력가 쩐리의 집에 피신해 있다가 미인으로 소문난 그의 딸 쩐티중(陳氏蓉)과 결혼하여 딸을 2명 낳았다. 반란은 쩐리의 세력에 힘입어 진압되었다. 1210년 태자가 왕이 되지만 혜종은 병으로 눕게 된다. 이때 왕의 처남이자 공주의 외삼촌 쩐투도(陳守度)가 권력을 장악하고 자신의 조카인 쩐칸과 7살 된 둘째공주 찌에우호앙(昭皇)을 정략결혼 시킨다. 그는 1225년 리찌에우 여왕으로 하여금 남편 쩐칸에게 왕위를 물려주도록 하였다. 이로써 베트남에서 리 왕조가 끝나고 쩐 왕조가 시작되었다.

그때 여왕의 숙부인 혜종의 동생, 다시 말해 전 국왕 이천조의 아들 이용상(李龍祥) 왕자가 이 소식을 듣고 곧바로 항해에 나서 고려 고종 때 황해도 옹진군 화산에 도착하였다. 당시 고려에 몽골군이 쳐들어오자 그는 주민들과 함께 적을 물리쳤다. 그가 안남국 왕자임이 밝혀지자 왕은 이를 가상히 여겨 화산을 식읍으로 하사하고 그를 화산군(花山君)에 봉하였다. 그리하여 이용상은 화산을 본관으로 하는 화산 이씨의 시조가 되었다고 한다. 예전에 포천군 가산에서 화산다방을 본 적이 있는데 그 후손이 바로 이들이다.

라이따이한은 1975년 베트남이 공산화되기 전에 파월 한국인 근로자들이 베트남 여자와 결혼하여 낳은 자녀를 일컫는다.

1954년 디엔비엔푸 전투에서 패배한 프랑스군은 제네바 협정에 의해 베트남에서 철수하였다. 이때 북위 17° 선을 기점으로 베트남에 군사 분계선이 설정되어 베트남은 남북으로 분단되었다. 그리하여 남쪽에는 응오 딘디엠이 초대 대통령이 되었고, 북쪽에는 1960년 월맹이 결성되었다.

1964년 8월, 베트남의 공산화를 우려한 미군이 북베트남의 통킹만을 폭격하였다. 다음 해 미 해병 여단이 베트남 전쟁에 개입함으로써 제2차 인도차이나 전쟁이 발발한다. 미국은 한국에 베트남 파병을 요청하고 한국이 이를 받아들여 1965년 9월 25일 맹호부대를 시작으로 해병 청룡부대, 백마부대 등 군인 325,517명을 베트남전에 투입하였고 4만여 명의 근로자를 파견하였다.

1968년 1월 케산 전투와 2월 해방군의 구정 공세로 월남전이 본격화되었다. 한국군은 이 전쟁에서 5,066명의 전사자를 내고 1973년 2월 베트남에서 철수하였다. 1974년 2월에는 한국인 근로자 철수령이 내려지고 주월 한국대사관도 철수하였다.

1975년 4월 30일, 북베트남이 사이공을 함락하고 베트남을 통일하였다. 다음 해 남북 총선거를 실시하여 1976년 7월 2일 베트남 사회주의 공화국이 세워졌다.

지금 베트남에는 약 2천여 명의 라이따이한이 살고 있다. 이들은 한국과 베트남이 수교를 맺기 전까지는 천대받으며 살아왔다고 한다. 1992년 한 · 베 수교 후 한 한국인 근로자가 TV를 통해 자기 부인이 베트남에 혼자 살고 있다는 사실을 알게 되었다. 그는 베트남으로 가서 20년 만에 부인을 만났다고 한다.

3시에 바짱 도공마을에 들렀다가 30분 뒤 다시 출발하였다. 10분쯤 지나자 계림의 산수 같은 경치가 눈앞에 나타났다. 때맞춰

▲ 해안가에서 본 하롱베이

비가 오기 시작하여 창밖에 실루엣 같은 경치가 파노라마처럼 펼쳐졌다. 하롱베이에 가까워지자 내가 생각했던 것과는 전혀 다른 베트남의 모습이 나타났다. 원통형의 바위산과 기암괴석으로 이루어진 멋진 산봉우리들이 계속 이어졌다. 해안도로를 지날 때 바다 위에 솟은 하롱베이의 절경이 보였다.

5시 정각에 사이공 하롱베이 호텔에 도착하여 배정받은 방에서 롱간을 먹으며 섬들을 구경하였다. 바다 위에 여자의 유방, 혹은 낙타의 등 같은 섬들이 불쑥 솟아 있었다. 어떤 것은 누워 있는 동물의 형상을 하고 있고 어떤 것은 바다를 기어가는 긴 절지동물 같았다. 여기저기 늘어선 섬들이 바람과 물의 흐름을 끊어놓아 바닷가에 정적만이 감돌았다.

저녁식사 후 다시 호텔에 돌아와 로비에서 가이드와 함께 베트

▲ 유람선에서 본 하롱베이

남 커피를 한잔 마셨다. 가이드가 낮에 수공예 판매점에서 있었던 이야기를 꺼냈다. 판매점에서 일하는 점원들은 대부분 상류층 자녀들로 내가 사진을 찍어준 여자는 연세대에서 3년간 유학하고 온 엘리트라고 했다. "한국말 잘하죠?" 그가 말했다. 나는 갑자기 어리둥절했다. 한국말을 잘하다니, 난 거기서 한국말을 한 적 없는데…. '누굴까. 아, 아오자이 입지 않은 여자가 있었지.'

몇 마디 한국말을 하던 하늘색 옷 입은 여자가 생각났다. 한국에 유학까지 왔다고 하는데 그것도 모르고 베트남인 행세를 했으니…. 어설프게 자기 나라 말을 한 나를 그녀가 어떻게 보았을지 상상하며 유쾌하게 웃었다.

6월 14일

호텔에서 체크아웃할 때 가이드에게 책 한 권을 주었다. 그리고 어제 수공예 판매점에서 본 여점원에게 전해 달라고 부탁하였다. 내가 쓴 여행기가 그녀의 한국어 학습에 조금이나마 도움이 되기를 바라는 마음에서이다.

하롱베이는 베트남 북부의 꽝닌성에 있다. 하롱베이는 최근에 ○○항공의 광고로 우리나라 사람들에게 친숙한 지명이 되었다. 1994년 유네스코는 바이짜이와 홍가이를 통합하여 세계 3대 자연유산으로 지정하였다.

박당강 하구에서 북쪽으로 1,600㎢ 면적에 걸쳐 3천 개의 섬들이 산재해 있는데 그중 500여 개의 섬에 사람이 살고 있다고 한다. 제일 큰 깟바섬은 국립공원으로 지정되어 여행자들이 이용할 수 있도록 숙박시설이 준비되어 있다.

하롱베이는 한반도의 금강산, 중국의 계림과 더불어 동양의 3대 절경이다. '인도차이나'는 린 당 팜(카미유)과 프랑스 해군 장교 장의 비극적 사랑을 그린 영화로, 주인공 린 당 팜과 장이 한때 이 섬에 숨어 지냈다고 한다.

9시 40분, 바이짜이 선착장에서 배를 탔다. 이제부터 5시간 동안 하롱베이를 유람한다. 나는 2층에 올라가 의자에 앉아 낯익은 베트남 음악을 들으며 맥주를 마셨다. 날씨는 맑았지만 엷은 안개가 햇빛을 가렸다. 배는 섬들 사이의 좁은 바다를 항해하였다. 30여분 동안 호수 같은 바다가 이어졌다. 수탉바위가 보이고, 원뿔 모양의 섬들의 윤곽이 서서히 제 모습을 드러냈다. 배가 커다란 두 섬 사이를 지나갔다. 그러자 바다 문이 열리듯 가려져 있던 바위섬들이 나타났다. 곧이어 수상가옥과 베트남 국기가 눈에 띄었다. 애수를 띤 베트남 음악이 흐르는 가운데 유람의 분위기는 더욱 고조되었다.

나는 음악을 들으며 호수처럼 잔잔한 바다를 즐겼다. 햇빛만 가렸을 뿐 날씨는 맑고 공기도 상쾌했다. 그런데 갑자기 바다 안개가 밀려와 산봉우리들을 희미하게 가렸다. 안개의 밀도에 따라 섬들이 사뭇 다르게 느껴졌다. 엷은 입자에 가린 섬들의 형체가 더없이 신비로웠다. 나는 소리 없이 다가오는 안개에 취해 몽롱해졌다.

미세한 아침 안개는 섬들을 실루엣으로 만든다. 그리고 거리에 따라 명암도가 각기 다른 그림자로 만든다. 먼 곳에 있는 섬들은 희미하게 그려내고 가까운 섬들은 선명하게 찍어낸다. 원근감 있는 섬들이 하롱베이의 정취를 더해 준다. 안개는 한 폭의 자연 풍경화를 실루엣으로 다시 그려내고 있다. 그래서 고깔 모양의 섬은 베트남 모자로, 기다란 섬들은 지렁이, 혹은 누워 있는 동물의 모습으로 보였다. 유람선 아래에는 옥빛 물결이 출렁이고 있다. 에메랄드빛 물이 눈을 자극하여 눈이 부셨다.

나는 물을 점잖게 꾸짖는다. '물아, 너는 아름다운 색채를 뽐내지 마라. 보는 사람의 눈이 현란하구나. 실루엣아, 더 펴져라. 그림 그리기에 좋으니까.'

나는 화가가 되어 물빛과 섬의 실루엣을 어떻게 그릴까 고민한다. 그리고 물빛과 실루엣의 조화를 선택해야 하는 기로에서 망설인다. 그런데 정오가 가까워짐에 따라 안개가 걷히고 섬의 실루엣이 조금씩 사라진다.

아. 실루엣, 아침이슬의 환영이여, 너의 빛과 그림자는 대기 속에 흔적 없이 사라지는구나. 애타게 손을 내저어도 뿌리치고 햇빛 속으로 사라지는 바다의 영혼이여, 나는 너를 그리워하며 조용히 탄식한다. 하지만 내 탄식도 안개처럼 허공 속으로 사라져 간다. 실루엣은 이제 눈에 들어오지 않는다. 안개 속의 몽롱함에서 깨어나자 나는 햇빛을 원망하며 선실로 들어왔다.

11시 40분, 수상가옥에 들러 생선회를 먹었다. 잠시 후 배는 근처에 있는 섬에 상륙하였다. 이 섬에 천궁동굴(항승솟)이 있는데 동굴은 1886년 프랑스인이 처음 발견했다고 한다. 베트남 전쟁 때 주민 2만여 명이 이곳에 대피해 있었는데 이 사실을 알고 미군이 동굴을 폭격하려고 왔다가 하롱베이 경치가 너무 아름다워 그냥

▲ 전망대에서 바라본 하롱베이

돌아갔다는 일화가 있다.

동굴 속으로 들어가서 물웅덩이가 있는 제1동굴, 붉은 남근상과 '기상천외', 그리고 물 떨어지는 성모 마리아 상이 있는 제2동굴을 보고 나왔다. 12시 30분경에 다시 배에 승선하여 30분 뒤 띠똡섬에 도착하였다.

호치민은 구소련에서 공부할 때 절친한 사이였던 띠똡에게 이 섬을 주고 싶었으나 여건상 그러지 못하고 대신 이 섬에 이름을

붙여주기로 하였다. 그래서 이 섬을 띠똡섬이라 부르게 되었다. 몇 년 전 섬에 팔각정을 만들어 놓았는데 이 정자에 올라가려면 427개의 계단을 이용해야 한다. 팔각정에 올라가 전망대로 갔다. 엷은 안개 실루엣은 모두 어디론가 사라지고 그림 같은 하롱베이 섬들의 전경이 한눈에 들어왔다.

섬들이 한순간에 나를 매료시킨다. 이 자연의 조화를 어떻게 설명할 수 있을까. 사방이 온갖 섬들로 둘러싸여 있고 바닷물은 바람 없는 호수처럼 고요했다. 매끄러운 에메랄드빛 유리판 위에 지각운동으로 해저에서 솟아나거나 하늘에서 떨어진 운석 같은 섬들, 먹물을 흘린 듯한 작은 섬들과 죽순 같은 섬들이 온통 바다를 장식하고 있었다.

전망대에서 내려와 작은 상점으로 갔다. 갈증이 나서 베트남 333맥주와 야자(코코넛) 3개를 마시고 배에 탔다. 식사 후 다시 2층에 올라가 유람을 즐겼다.

하노이에 돌아와 저녁식사를 하러 갔다. 호안키엠 호숫가에 있는 4층 식당에 들어가자마자 비가 오기 시작하였다. 곧이어 굵은 빗방울이 유리창을 심하게 때렸다.

식사를 마친 손님들이 한꺼번에 우르르 몰려 나갔다. 그 바람에 우리 일행도 휩쓸려 내려갔다. 그때 가이드가 와서 7시 50분까지 호수 야경을 감상하라고 하였다. 그래서 다시 올라가 4층 베란다에서 몇몇 일행과 함께 커피를 마셨다.

호안키엠 호수는 하노이 중심가에 있어 '하노이 중심부에 놓인

꽃바구니'라고도 불린다. 호수는 폭이 400m, 길이가 700m이다. 이 호수를 중심으로 하노이 남쪽에 고급 상가와 레스토랑, 여행사, 항공사가 밀집해 있고 북쪽에는 수상 인형극장을 중심으로 베트남 문학작품에 자주 등장하는 하노이 36거리와 전국 특산물을 판매하는 동수안 재래시장이 있다. 또한 하노이의 항베 거리에는 킴 카페가 있고, 항바 거리에는 신 카페와 수상 인형극장이 있다. 신 카페는 여행자들에게 값싸고 맛있는 음식과 저렴한 베트남 여행상품을 제공하고 있다.

호안키엠 호수 가운데에 나무로 둘러싸인 작은 섬이 있다. 훅이라는 붉은 목재로 만든 무지개다리를 건너면 섬에 옥산사가 나온다.

1288년 쩐 왕조 때 베트남은 몽골의 침입을 받는다. 이에 쩐 홍다오 장군은 하롱베이의 얕은 물속에 말뚝을 박고 항다우고 동굴에 2천 명의 군사를 매복해 두었다. 썰물 때 몽골군의 배가 말뚝에 걸리자 그는 적을 섬멸하고 박당강 전투를 승리로 이끌었다고 한다. 옥산사는 반수옹과 쩐 홍다오 장군에게 헌정하기 위해 지어졌는데 지금의 건물은 1865년에 재건한 것이다. 삼관문에는 19세기 유학자 응우엔 반시우의 글씨가 쓰여 있다.

사원에는 박제된 거북이와 이를 기리는 비석이 있다. 1968년 이 호수에서 400~500살 된 거북이가 발견되었다. 사원의 거북이는 바로 그 거북이를 잡아 전시해 놓은 것이라고 한다.

호안키엠 호수에는 레로이왕과 신령거북에 대한 전설이 있다. 15세기 초에 명나라 군사가 베트남에 쳐들어왔다. 어느 날 레로이 장군이 호수에 배를 띄우고 깊은 생각에 잠겨 있는데 호수에

▲ 호안키엠 호수

파도를 일으키며 거북이 나타나 그에게 칼 한 자루를 주고 사라졌다. 그는 그 칼로 명군을 무찔렀다. 훗날 왕이 된 레로이가 호안키엠 호수에 나와 제사를 지내고 있는데 그때 갑자기 천둥이 치면서 그 거북이가 나타나 나라를 되찾았으니 칼을 달라고 하며 검을 낚아채어 호수로 들어갔다고 한다.

나는 어둠 속에 빛나는 호수를 물끄러미 바라보았다. 레로이 왕과 관련된 거북이일지도 모르는데 죽이다니…. 어쩌면 그 거북이도 자신의 운명을 알았을지 모르겠다는 생각이 들었다.

호수 옆 길가에 높이 7.5m의 가로등이 세워져 있다. 이는 한국을 모델로 하여 베트남의 경제성장을 이루겠다는 상징적 의미라고 한다.

시간이 되어 수상 인형극을 보러 갔다. 그런데 앞쪽에서 한 여자가 막아서더니 내 팔을 잡으며 업고 있는 아기를 손으로 가리켰다. 베트남은 빈부의 격차가 크고 실업률이 높은 나라이다. 그러니 어떻게 이 여인을 미워할 수 있으랴. 그래서 팔짱 낀 듯 30m 정도 함께 걷다가 1달러를 주었다. 말없이 되돌아가는 그녀를 보자 마음이 한결 가벼워졌다.

수상 인형극은 11세기 리 왕조 때 홍강 삼각주에 있는 농촌에서 처음으로 시작되었다. 인형극은 방수복을 입은 여배우들이 커튼 뒤의 물속에 서서 대를 이용하여 무대 앞의 인형들을 조종하며 공연한다. 공연은 북 같은 타악기를 수반하여 흥을 돋운다. 인형극의 내용은 주로 민담, 모내기와 고기잡이 등 농어촌 생활, 그리고 '레로이 왕과 환검호의 전설' 등이다.

탕롱 수상 인형극장에 들어가 자리에 앉았다. 커튼이 드리워진 무대 앞에 연못이 있고 왼쪽에는 연주단이 앉아 있다.

연주단 쪽에서 베트남의 전통음악이 들려왔다. 앞줄 가운데 앉은 여자가 민속 악기로 My twin을 연주하자 갑자기 관객석이 조용해졌다. 그녀의 연주는 모든 이의 시선을 집중시켰다.

언젠가 이 곡을 들은 적이 있다. 베트남 음악은 들을 때마다 그리움과 애수에 젖게 하고 깊은 감동을 준다. 청중의 마음을 사로잡은 연주가 끝나고 그녀가 일어나 정중히 인사하고 앉았다. 관객석에서 우레와 같은 박수가 터져 나왔다. 그것은 기억에 남는 훌륭한 연주이자 멋진 무대 매너였다.

두 여자가 노래한 다음 인형들이 연못에 등장하였다. 용 두 마리가 헤엄쳐 다니다가 불을 내뿜고 여자의 노랫소리가 울려 퍼지며 한 남자가 물소를 몰고 등장하여 피리를 불었다.

인형극의 진행에 따라 연주단들이 악기를 연주했다. 처음에 연주했던 여자의 손놀림이 바빠졌다. '모심고 물주기'가 끝나자 물오리 떼들이 등장하였고 한 어부가 큰 물고기를 잡는다. 그러나 배가 뒤집혀 어부가 물고기에게 잡아먹힌다. 곧이어 배를 타고 두 사람이 나와 어망으로 물고기를 잡고 나서 인형극이 멈추었다.

여자가 노래를 부른 다음 '영귀배조(대학 졸업자가 성공하여 고향에 돌아와 조상에게 감사드리는 내용)'와 '환검호수의 전설'이 공연되었다.

여자들의 흥겨운 노랫소리가 들려오고 3척의 배가 나타났다. '선녀춤'이 끝나자 지금까지 공연하였던 10개의 인형이 등장하면서 인형극은 막을 내렸다.

베트남의 수상 인형극장은 탕롱 수상 인형극장과 야외 인형극장이 있다. 그중 탕롱 수상 인형극장은 호치민이 어린이를 위해 만든 것이다. 수상 인형극은 1993년 대전 엑스포에서도 공연되었고 1998년에는 국제 인형극 대회에서 금상을 차지하였다.

극장에서 나오니 어느새 비가 그쳤는지 날씨가 시원하였다. 공원에서 매연이 씻긴 하노이의 맑은 밤공기를 모처럼 마음껏 들이마셨다. 그리고 호안키엠 호숫가를 산책하며 버스를 향해 걸어갔다. 그것은 내가 본 하노이의 마지막 밤이었다.

제5편

내몽고 여행기

변화와 각오

나는 책상 앞에 앉아 인삼차를 마셨다. 이 차는 내몽고에 다녀온 날 저녁 심양의 북한식당 향산관에서 공연을 본 다음 접대원 동무에게 선물받은 것이다. 그때의 설렜던 마음이 차 맛을 더욱 깊이 느끼게 하였다. 잠시 후 찻잔을 비우고 곧바로 글을 써내려 갔다.

2004년 7월 15일

인천에서 이륙한 심양행 비행기는 1시간 40분 후 심양공항에 착륙하였다. 8시 30분, 입국수속을 마치고 공항에서 나왔다. 일행은 조선족 4세인 가이드 김철을 따라 버스에 탔다.

중국은 국토면적이 960만㎢이고 23개의 성과 자치주로 이루어져 있다. 그중 요령성은 면적이 14만 5,900㎢이고 인구는 약 4,500만 명이다. 성도 심양은 1,100㎢ 면적에 인구가 720만 명이다.

15분 뒤 버스는 LG TV 공장과 톨게이트를 지났다. 곧이어 21세기 광장과 심수강(혼하)을 건너 혼남에 이르렀다. 중국 정부는 이곳을 한국의 강남처럼 건설하여 심양의 포동지구로 만든다고 한다.

7년 전에 본 심양은 중공업 도시라는 느낌이 강했다. 그런데 지금은 번화한 거리와 우뚝 솟은 건물들이 나를 놀라게 하였다. 쉐라톤 호텔과 심양 TV 방송국 건물들을 보니 마치 신세계에 온 듯한 느낌이었다.

얼마 후 한국기업이 건설 중인 아파트 단지가 나왔다. 지난해 중국의 투자 1위가 한국이었을 정도로 우리나라의 많은 기업들이 중국에 진출해 있다. 핸드폰은 한국 모델이 바뀌면 중국 것도 바뀐다. 더욱이 농심라면은 심양뿐만 아니라 상하이에도 들어왔다고 한다. 이렇듯 한국 상품이 중국에서 각광을 받고 있는데 걱정이 앞서는 건 왜일까. 그것은 지금 한국에서 노조들이 분배를 외치며 데모하고 있기 때문이다.

모건 스탠리 증권은 "최근 한국이 40년간 경제 발전을 이룩한 시장 자본주의 시스템보다 좌파 편향적인 분배 중심 정책에 초점을 두기 때문에 외국기업들이 한국에 대한 투자를 꺼리고 있다. 또한 노사문제 등으로 공장들이 문을 닫아 국가 경제가 침몰하고 있다"고 분석하였다.

중국은 처음에 성장보다 분배 즉, 평등에 입각한 사회주의에 노력하였다. 그러나 분배를 강조하다 보면 노동의욕을 저하시킨다. 그 결과 중국은 생산성이 떨어지고 낙후된 국가로 전락했다. 지금 중국은 인건비가 싸고 노조가 없어 사업하기에 유리하다. 그래서 한국의 많은 기업들이 중국에 투자하고 있다. 그 결과 한국에선 젊은 층의 일자리가 없어지고 직장 구하기가 힘들어지고 있다.

한국이 노조 파업으로 지는 해라면 중국은 떠오르는 해이다. 최근 중국의 일부 도시들은 놀랄 정도로 빠르게 발전하고 있다. 상하이에 가면 그 변화를 즉시 알 수 있다. 포동지구의 우뚝 솟은 건물들과 항구의 많은 배들이 중국의 미래를 가늠케 한다. 이대로 가다가 10년 뒤엔 한국 경제가 중국에 추월당할 것이라는 견해도 있다.

한국은 지금 정권이 들어서 과거사 및 이념 문제로 매우 혼란스럽다. 온고지신해야 할 텐데 그 반대로 가고 있어 걱정스럽다. 큰 나무가 쓰러지면 일으켜 세우기 힘들다. 국가도 기강이 한 번 흔들리면 다시 바로잡기 힘들다. 한국의 운동권 출신들이 어찌 해외에서 유학한 중국의 엘리트들을 이기겠는가. 그들은 학생 때 데모하느라 이념에 눈멀고 전문적 지식이 없어 경제에 무지한 사람들이다. 그 4년의 차이가 20년 후인 지금 국가 경제의 위기를 초래하고 있는 것이다.

30분 뒤 버스가 시내에 접어들었다. 청나라 때 번화가였던 중가는 지금 심양에서 가장 번화한 쇼핑가로 변모하였다. 길 양쪽으로 상점과 대형 쇼핑몰들이 들어서 있다.

버스에서 내려 중가에 있는 노변 교자관(만두집)에서 저녁식사를 하였다. 심양의 노변 교자관은 170년의 역사를 갖는다. 이곳은 특히 물만두로 유명한데 중국의 만두는 찐 포자(包子)와 교자(餃子)가 있다. 포자는 피가 두꺼운 만두이고 교자는 피가 얇다. 일행은 각종 만두를 맛보고 나와 금도호텔에 투숙하였다.

7월 16일

7시 30분, 호텔에서 버스를 타고 내몽고의 주일하 초원으로 이동하였다. 나는 창밖에 펼쳐지는 심양의 거리를 바라보았다. 심양은 만주어로 버드나무 울타리를 뜻한다. 옛날 만주족이 심양을 차지한 후 경계를 표시하기 위해 버드나무를 심어 심양이란 지명이 유래되었다고 한다.

몇 년 전만 해도 심양은 중국 동북지역 최대의 중공업 도시였다. 시내에는 낡은 건물이 많았고 거리는 어두웠다. 그런데 지금은 공장들이 허물어지고 그 자리에 아파트와 고층 건물들이 들어서고 있다. 이처럼 심양은 과거의 허물을 벗어버리고 새로운 도시로 성장해 가고 있다. 그 변화는 곳곳에서 느낄 수 있었다.

버스가 시내를 벗어나자 넓은 평야가 나왔다. 옥수수 밭과 방풍림으로 심은 미루나무들이 보였다. 곧이어 연변과 비슷한 시골 풍경이 나타났다.

장무현에 들어서자 모래사막이 나왔다. 봄이 오면 사막이 건조해져 작은 모래가 바람에 날려 황사가 발생한다. 이 황사는 한국과 일본에까지 피해를 준다. 그래서 해마다 일본인들이 와서 나무를 심고 간다고 한다.

10시 30분, 버스가 내몽고 자치구로 들어섰다. 여기서부터 통료까지 왕복 6차선 고속도로가 개통되어 있다.

내몽고는 면적이 118만 3,000㎢으로 중국 총면적의 8분의 1을 차지한다. 1947년 5월, 중국에서 최초로 자치구가 되었고 주도는 호화호특이다. 내몽고의 인구는 몽골족이 3분의 1을 차지하는데 그중 4분의 1이 통료시에 거주하고 있다. 통료는 청나라 때 도시

▲ 내몽고 자치구 주일하 초원의 파오(게르)

가 형성되었다.

11시 50분, 통료시에 도착하여 통료시 빈관에서 식사를 하였다. 식사할 때 일행인 KT 팀장 및 직원들과 인사를 나누었다. 식사 후 1시에 다시 출발하였다.

초원지대가 계속 이어졌다. 버스로 1시간 남짓 달려 주일하 초원에 이르렀다. 기마 영접대가 비포장도로까지 마중 나왔는데 캠프 양쪽으로 몽골 여자들이 줄지어 서 있었다. 차에서 내리자 우리에게 다가와 일일이 술 한 잔씩을 따라주었다. 일행은 VTR을 시청하고 파오(게르)에서 한 시간 정도 쉰 다음 4시에 몽골의 씨름 경기를 구경하였다.

6시에 양고기와 복숭아, 수박 등 과일로 저녁식사를 하였다.

식사를 하면서 몽골의 민속공연을 관람하였다. 기마 영접대원들과 몽골 여자들이 나와 번갈아가면서 노래를 불렀다. 공연은 몽골 남자의 마두금 연주와 아리랑 합창으로 끝났다.

식사 후 캠프파이어를 하였다. 몽골족 남녀가 전통의상을 입고 나와 모닥불 주위를 돌며 춤을 추었다. 스피커에서 흘러나오는 몽골의 전통음악에 맞춰 몽골인들이 깃발을 들고 모닥불 주위를 돌았다. 그들은 남녀 서로 짝을 지어 음악에 맞춰 춤을 추었다. 흥을 돋우자 관광객들이 나와 이들과 어울렸다.

분위기가 고조될 무렵 청바지를 입은 젊은 여자가 나타났다. 그녀는 내 앞에서 서성거리다가 무리 속에 섞여 춤을 추었다. 생김새는 몽골족 같았는데 옷차림으로 보아 이곳에 거주하는 것 같지는 않았다.

시간이 흐르자 별들이 하늘에 서서히 모습을 드러냈다. 잠시 후 별들이 빛을 발하기 시작했다. 나는 졸음이 와서 춤추는 사람들을 뒤로하고 파오로 돌아왔다. 그러자 주위가 어두워지고 하늘이 밝아졌다. 수많은 별들이 하늘에서 빛을 내며 반짝였다. 도대체 이 많은 별들이 언제 나타났을까.

나는 문 앞에 서서 별들을 바라보았다. 밝고 탐스러운 별들이 적막한 초원의 밤하늘을 밝혀주었다. 그때 작은 별똥 하나가 나룻배처럼 밤하늘에 유유히 흘러갔다. 저 별은 정처 없이 떠돌다 어디로 사라지는 걸까.

밤하늘을 구경한 후 파오로 들어가 자리에 누웠다. 그때까지도 사람들이 떠드는 소리가 간간이 들려왔다.

7월 17일

7시 50분, 주일하 캠프를 출발하였다. 어제 춤을 추었던 젊은 여자와 중년 여자가 함께 버스에 탔다. 그들은 여행사 직원이었는데 통료에서 내렸다. 그런데 통료에 있는 라마교 사찰 대략림사가 문을 닫아 일정을 취소하고 대청구로 향했다.

11시 10분, 대청구에 도착하였다. 대청구는 식물이 자라는 8,000ha 면적의 사막 지역으로 사막지대의 오아시스라고 불린다. 이곳은 온갖 식물과 나무들로 울창하여 아열대, 온대, 한대의 122가지 식물들이 자라고 있다. 그래서 국가보호지역으로 지정하여 연구를 하고 있다고 한다.

대청구 전망대에서 원시림 지대를 조망하였다. 이곳은 원래 평지였는데 지진으로 대지가 함몰하여 폭 300m, 깊이 50～100m, 길이가 24km 되는 계곡이 생겼다고 한다. 그래서 금룡검을 본 다

▼ 대청구

음 계곡으로 내려가 래프팅을 하고 나왔다.

복정 대반점에서 식사를 하고 대청구 원시삼림공원을 구경하였다. 이어 모래사막에서 말타기를 한 다음 심양으로 출발하였다.

심양으로 돌아오는 길에 가이드는 북한에 있는 친척집을 방문하였을 때 본 북한주민의 생활상과 탈북자에 관한 이야기를 해주었다.

"90년대 중반 고난의 행군 이후 북한에서 탈출하는 사람이 많이 생겼다. 탈북자들은 붙잡히면 쇠사슬에 묶인 채 북한으로 끌려간다. 지금은 탈북자가 하도 많아 그렇게까지 하지는 않는다. 그러나 북송되면 그때부터 수용소에서 겪을 엄청난 고통을 감수해야 한다." 나는 탈북자라는 말을 듣고 가슴이 메어졌다. 어젯밤에 본 별처럼 고향을 떠나 정처 없이 유랑하는 그들이 바로 우리 형제자매이기 때문이다.

7시 30분, 심양에 도착하여 북한식당 '평양 향산관'에서 냉면과 돼지갈비로 저녁식사를 하였다. 음식이 매우 맛있었는데 특히 김치가 입맛에 맞았다.

음식을 나르던 여자가 들쭉술을 한 잔씩 따라주었다. 그때 누군가 음식을 주문할 때 어떻게 불러야 하는지 묻자, "그냥 접대원 동무 하시면 됩니다"라고 대답해 주었다. 나는 한 잔 따라준 접대원 동무에게 즉석사진을 한 장 찍어주었다.

식사를 마치자 '반달', '비 내리는 영동교' 등의 피아노 연주가 들려왔다. 20여 분 지나자 두 여자가 무대에 나와 '반갑습니다'를 불렀다. 다음에 들쭉술을 따라준 접대원 동무가 나와 노래를 불렀고 이어 다른 여자가 아리랑을 독창하였다. 그녀가 연속해서

▲▼ 북한식당 공연

노래를 부르자 분위기는 한층 고조되었다. 그녀가 퇴장할 때도 즉석사진을 찍어주었다.

다음엔 노란 원피스를 입은 여자가 나와 기타를 치며 '봄이 왔네'와 '금강산'을 불렀다. 그녀의 발랄한 표정과 동작은 마치 70~80년대 한국의 통기타 가수를 연상케 하였다. 그 뒤를 이어 미모의 여자가 나와 '고향의 봄'을 부르며 내 쪽을 향해 포즈를 취해주었다. 그리고 한쪽 팔을 내밀며 자연스럽게 동작을 연출하였다. 그녀의 아름다운 외모와 단정한 옷차림, 그리고 고음의 노래가 색다른 분위기를 자아냈다. '다시 만나요'를 마지막으로 공연이 끝났다.

향산관 접대원들은 북한 상류층 자녀들로 가무에 뛰어났다. 무대 매너가 상당히 세련되었고 또한 한국적인 정서와 예의를 갖추었다. 이들은 3년 근무 연한이 다 되어 머잖아 북한으로 복귀한다고 한다. 그런데 피아노 반주를 했던 여자가 나에게 왔다. 필름이다 떨어졌다고 말하자 그게 아니라고 했다. 그녀를 따라 무대 뒤의 기념품 파는 코너에 갔다. 여자 접대원 3명이 기다리고 있었다. 그중 한 여성이 "사진을 찍어 주어 고맙다"며 개성 인삼차를 주었다.

나는 선물을 받고 가슴이 뭉클해졌다. 이전에 금강산에서 북한 동포를 두 번 만났던 적이 있다. 그런데 이번 세 번째 만남이 가장 감격적이었다. 그래서 새 돈 2장을 꺼내어 세종대왕을 가리키며 이 지폐를 통일의 그날까지 소중히 간직해 달라고 당부했다. 그것은 우리 모두 같은 언어와 문자를 쓰는 한 민족임을 잊지 말자는 뜻에서였다. 더워서 세수를 하고 나왔는데 감격에 겨워 땀방울과 함께 흐르는 눈물을 주체할 수 없었다.

버스가 서탑에 이르렀다. 옛날 심양에 농사가 잘 안 되었는데 사람들은 지하에 용이 있기 때문이라고 믿어 서탑을 세웠다. 지금 서탑가는 인구의 70%가 한국 교포여서 심양의 코리아타운이라고 불린다. 사방 1km 거리에 15만 명의 조선족과 한국인이 모여 살고 있다.

요령성에는 약 20만 명의 조선족이 살고 있다. 1992년 한·중 수교 후 이들은 중국에서 호평을 받았는데 최근 젊은이들이 취직하러 타 도시로 떠나고 처녀들은 한국으로 시집가서 조선족의 수가 점점 줄어들고 있다고 한다.

버스가 농심라면 공장과 북한식당 목란관, 평양관을 지났는데 북한은 최근에 칠성식당도 개업했다고 한다. 곧이어 동북군총사령부 건물과 마오쩌둥 동상, 그리고 조각상이 나왔다. 그런데 이 조각상이 있는 곳(용산로 1번지)에서 신석기 시대 유물이 출토되었다고 하여 귀가 솔깃해졌다.

1973년 유적지에서 목판화와 석기, 도자기 등이 발굴되었는데 이것은 신석기 시대 모계사회의 촌락 유적지로 1984년 신락 유지로 지정되었다. 신락문화(BC 7000년)는 그 뒤 흥륭와 문화(BC 6000년), 그리고 홍산문화로 이어졌다.

홍산문화는 만주지역의 돌무덤에서 출토된 것으로 동이족의 유적이다. 이것은 다시 말해 고조선 이전의 문화로 만주의 능원시와 건창현 경계의 우하량에서 발견되었는데 제단 터에서 옥기(玉器) 등의 유물이 출토되었다고 한다. 그런데 홍산문화의 발견을 계기로 중국은 황하문화 전파론을 지양하고 다중심 문화론으로 수정하게 된다. 왜냐하면 홍산문화를 고조선으로 파악하면 하북, 산둥지역에 거주했던 동이족이 우리 한민족의 선조가 되기 때문이다. 나는 올해 중국이 고구려 유적을 유네스코에 등재한 것도 어쩌면 이들 유적과 관련이 있을 것 같다는 생각이 들었다.

호텔에 도착하여 체크인한 다음, 단체로 발 마사지를 하러 갔다. 자리에 앉자 20세 전후의 어린 여자들이 들어왔다. "니하오(안녕하세요)?" 이들은 가정형편이 어려워 고등학교 졸업 후 마사지 기술학교를 다녔다고 한다. 그리고 곧바로 취직하여 기숙사에서 공동생활을 하고 있다.

마사지를 마치자 모두 문 앞까지 마중 나와서 손을 흔들어 주었다. "신콜라, 짜이찌엔(수고했어요, 또 만나요)." 가이드가 늦게 나오는 바람에 몇 분이 지체되었다. 그런데 그때까지도 그들은 들어가지 않고 서 있었다.

갑자기 눈시울이 뜨거워졌다. 우리가 사는 세상에는 풍요로운 삶을 사는 사람이 많지만 어려운 환경 속에서도 착한 마음을 잃지 않고 열심히 살아가는 이들에게서 따뜻한 인간애와 연민을 느꼈기 때문이다.

7월 18일

9시에 북릉공원에 도착하였다.

북릉공원은 고구려 유적지, 심양고궁, 동릉, 졸본성 등과 함께 유네스코 세계문화유산에 등록되어 있다. 그중 동릉(청태조 누르하치의 능)은 면적이 450만㎡로 동북지방에 있는 청나라 능 중 제일 크다.

청태조 누르하치는 건주여진 출신으로 백두산 동쪽에서 태어났다. 어린 시절, 할아버지와 아버지는 아타이 전투에서 명군에게 길을 안내하다 그들에게 살해된다. 그래서 요동 철령위 출신의 조선인으로 명나라 장군이 된 요동 총병관 이성량이 15세인 그를 데려다 부하로 삼았다. 어느 날 누르하치가 이성량(이여송 장군의 아버지)의 발을 씻어주고 있을 때 이성량이 그에게 "나는 까만 점이 있어 장군이 되었다"고 말했다. 이를 듣고 누르하치가 자신에게도 빨간 점이 있다고 하였다.

이성량은 누르하치가 황제가 될 사람임을 알고 죽이려 하였다. 이를 눈치 챈 누르하치가 달아나다 말에서 떨어지자 까마귀 떼가 몰려들어 그를 에워쌌다. 이를 보고 뒤쫓던 병사들은 그가 죽은 줄 알고 그냥 갔다. 그러나 그가 살아 있다는 것을 알고는 불을 질러 누르하치를 죽이려 하였다. 그런데 이번에는 개가 물을 묻혀 불을 꺼주어 목숨을 건졌다고 한다. 이 때문에 만주족은 개고기를 먹지 않는다. 후에 그는 건주여진, 해서여진, 야인여진 등의

▲ 북릉공원 참도

부락을 통일하고 1616년 대금국을 건설하였는데 그의 아들이 바로 청태종이다.

북릉공원에 들어가 황제가 다녔던 대리석 참도를 걸어갔다. 다리를 건너 소릉 정문(매표소)에 이르자 여기서부터 소릉까지 참배도로가 이어져 있다. 길 양쪽으로 코끼리, 낙타, 말, 해태, 기린, 사자의 암수 석상이 세워져 있다. 그중 흰 말은 청태종의 애마라고 한다.

융은전(위패를 모셔놓고 제사를 지내던 곳)과 이주문을 지나 3층 누각 문 안으로 들어갔다. 무덤 입구에 있는 철문에 국화 아홉 송이가 조각되어 있다. 소릉 조성 시 능 안으로 들어가는 비밀을 여기에 새겨놓고 능을 만든 다음 장인들을 모두 죽였다고 한다.

▲ 융은전

북릉 즉 소릉(昭陵)은 누르하치의 아들 청태종(홍타이치)과 황후(이단문)의 무덤이다. 무덤은 1629년에 조성되었고 지하 27m에 궁전을 만들어 관을 쇠사슬로 매달아 놓았다. 능 주위에는 1643년부터 1651년까지 각 병사가 소나무 한 그루씩을 심어 모두 3,500그루를 심었는데 지금은 1,500그루만 남아 있다. 만주족의 모자 형태였던 봉분은 수풀이 우거져 콘크리트로 덮었다. 무덤의 봉분 한가운데 나무 한 그루가 자연적으로 자라고 있었다.

1626년 4월, 청태종은 즉위하자 국호를 금에서 청으로 바꾸었다. 명(明)이라는 글자에 밝은 불이라는 의미가 있어 후금의 金이 불에 녹는다. 그래서 그는 후금이 오래 못 갈 것을 염려하여 국호를 삼수변이 있는 청(淸)으로 바꾸었다. 1643년, 그가 사망하자 6

▲ 청태종의 무덤(소릉)

세였던 순치제가 즉위하여 후에 명나라를 정복한다. 그러나 그 당시 막강했던 만주족은 지금은 한족에 동화되고 말았다.

북릉에서 나와 북릉공원에 이르렀다. 선교를 건너 상인이 아이스크림을 파는 곳으로 갔다.

청태종은 1635년 내몽골을 정벌하였다. 이듬해인 1636년 겨울 그는 청군 7만, 몽골군 3만, 명군 2만 등 12만 대군으로 조선에 침입하였다. 당시 조선은 이괄의 난으로 서북방비가 궤멸된 상태였다. 인조는 강화도에 가서 지연전을 전개하려 했으나 기병이었던 청군의 공격 속도가 너무 빨라 급히 남한산성으로 피신하였다. 의병은 일어나지 않았고 지원군은 오기도 전에 궤멸되었다. 오직 전라도 병마절도사 김준용 장군만이 지원군을 이끌고 남한

산성으로 온다. 그는 수원 광교산 전투에서 청태종의 사위 백양고라와 두 장수를 사살하는 대승을 거두지만 식량과 화살, 포탄이 떨어져 철수한다. 그런데 감사 이시방이 이를 시기하여 김준용 장군이 후퇴했다고 모함한다. 이렇듯 공을 세운 유일한 지원군마저 모함하는 나라가 바로 조선이었다.

이듬해 청태종은 삼전도에서 삼배구고두(三拜九叩頭) 절을 받고 인조의 항복을 받는다. 그리고 조선에서 부녀자 7만 명, 토목인 5만 명 등 조선인 12만 명을 포로로 끌고 갔다. 항간에는 최명길의 추측에 근거해 포로들 숫자가 50~60만 명이란 설도 있다. 그러나 병자호란 당시 청의 인구는 여진 세 부족과 갓 정벌한 몽골까지 합해 100만 명 정도 웃돌았고 식량도 부족한데 겨울 한 달 동안 청군 1명당 5명의 포로를 끌고 갔다는 것은 납득이 가지 않는다.

심양에 끌려온 조선 여인들은 이 다리에서 인신매매되었다. 청나라 사람들은 남녀를 불문하고 포로들의 옷을 모두 벗기고 건강상태를 확인한 뒤 값을 치르고 노예들을 사갔다. 소현세자의 『심양장계』에 의하면 '포로에서 풀어주고 속환에 요구하는 값이 백 냥에서 천 냥까지 치솟아 관소에는 희망을 잃고 울부짖는 소리로 가득 찼다'고 한다. 훗날 이들이 조선으로 환국하게 되자 사대부들은 정절을 지키지 못했다는 이유를 들어 이혼 문제를 제기했다. 그래서 조정은 압록강에서 목욕을 하고 들어오면 지난 일을 용서하도록 했다. 이때부터 환향녀가 화냥년으로 의미가 변하였다.

이러한 역사적 사실로 보아 후금이 일어났던 때나 지금이나 나라 사정은 같다는 것을 깨닫게 된다. 명은 쇠퇴하고 청이 흥기하는 세계정세를 내다보고 실리적 외교를 취하여 전란을 막았던 광해군은 반정으로 쫓겨난다. 그러나 새로 정권을 잡은 인조와 그 신하들은 청의 침략에 대한 준비도 없이 친명정책을 표방하여 정묘호란(1627), 병자호란(1636)을 자초하였다. 임진왜란을 겪은 지 30년도 채 안 되어 조선은 또다시 전란의 참화 속에 휩싸이게 되었다.

병자호란과 한국동란의 공통점은 임진왜란, 일제 식민지배 등 일본이 침략하고 30~40년 후에 일어났다는 점이다. 당시 일본과 청나라는 첩자를 통해 조선의 내부 사정을 꿰뚫어보고 있었는데 조선과 명나라는 그렇지 못했다. 그나마 조선은 선조 이후 광해군이 정탐 활동으로 동북아 정세를 내다보았지만 인조는 아무런 대책 없이 시곗바늘을 거꾸로 돌려버렸다. 이 같은 역사적 사실과 지금 우리의 현실을 비교해 보면 엇비슷하게 맞아떨어짐을 알 수 있다.

우리나라는 영토적으로 일본과 중국, 러시아에 접해 있고 미국이란 강대국과 동맹을 맺고 있다. 인접국인 중국은 최근에 부국강병과 경제성장으로 새로이 일어나고 있다. 그런데 우리나라가 분단된 나라라는 사실도 모르는 세력들이 이에 대처하기는커녕 과거사 및 이념 문제를 제기하여 나라를 혼란스럽게 만든다. 그리고 개혁이란 명분으로 기업을 압박하여 국가경제를 후퇴시키고 정치적 내분만 일으키고 있다. 북한정권을 추종하여 조선의 인조 정권에 비유되는 이런 답답한 탁상공론가들을 오늘날 정세에 대입해 보면 더 분명해진다.

1990년대 중반 북한의 고난의 행군 때 이들은 통일 비용이 많이 든다며 흡수통일보다는 햇볕정책으로 망해 가는 북한정권(명나라)을 지원해 주었다. 그 결과 지금 기아상태의 북한 주민이 탈출하다 잡혀 북송되거나 또는 탈북녀들이 중국 돈 위안(냥)을 받고 중국(청) 농촌으로 팔려나가거나 유흥가에서 인신매매되고 있다. 또한 탈북하여 한국에 오는 비용(속환비용)은 치솟아 거의 정착 지원금에 이른다.

결국 햇볕정책은 이솝우화를 현실에 맞지 않는 북한정권에 잘못 적용하고 '어차피 통일은 오게 되어 있는데 남과 북 중 누가, 어느 체제로 통일하느냐를 정해 두지 않은 북한 정권 유지책'이었을 뿐이다. 덕분에 통일 시기를 놓쳐 차후에 중국의 견제와 간섭을 피할 수 없게 되었다. 지금 시점에서 만약 북한체제로 통일된다면 남한의 5천만 인구는 식량 부족으로 고난의 행군 때 희생된 북한 인구보다 몇 배나 더 많은 수가 줄어들 것이다. 그들(인조 정권)은 한국동란 때 통일을 가로막았던 중국을 우호적인 나라로 보고 있는데 이는 『삼국사기』나 신채호의 『조선상고사』를 읽지 않아 역사(국제정세)를 모르는 데에서 기인한다.

미래를 향하는 시곗바늘을 거꾸로 가게 해서는 안 된다. 국가 대 국가 간의 관계는 냉혹한 힘의 논리에 의해 지배된다. 그러므로 역사를 바로 알고 온고지신하여 급변하는 세계정세에 슬기롭게 대처해야 한다. 그렇지 않으면 또다시 비극이 온다.

나는 북릉공원을 나서며 주먹을 힘껏 쥐고 다시는 그런 슬픈 역사가 되풀이되지 않기를 바랐다.

제6편

고구려의 성지 오녀산성 답사기

동북공정 - 고구려의 혼을 찾아서

〈서 문〉

2004년 8월

중국이 발해사에 이어 고구려사까지 그들 소수민족의 역사로 합리화시키고 올해 7월 고구려 유적을 유네스코에 등재하였다. 내가 쓴 첫 해외 여행기 『내가 본 世界』의 서문에서 언급했듯이 그냥 넘어갈 수 없었다. 그래서 『월간중앙』과 참 좋은 여행사 협찬으로 8월 5일부터 11일까지 진행하는 고구려 유적 답사 여행을 신청하였다.

그런데 요즈음 경제가 어려운데 소수인들이 제기하는 이념 문제로 나라가 혼란스럽다. 대통령 탄핵 후 4월 선거로 되살아난 그들이 기세등등하여 친일파 기준을 다시 확대하려 한다. 그래서 경제적으로 어려운 상황이 올 것을 짐작하였다. 왜냐하면 운동권과 자칭 민주화 세력들이 대거 등장하여 지금 정권이 경제보다는 국보법 폐지, 친일파 조사, 호주제 폐지 등 이념 투쟁에 몰입할 것을 감지하였기 때문이다.

한 예로 국가 보안법을 폐지하려는 저의는 그들이 과거에 이 법의 피해자였다는 논리로 그들의 활동여건을 만드는 데 걸림돌이 되기 때문이다. 또한 그들이 군사정권을 싫어하는 이유는 반민주화 때문이 아니라 그들의 정치적 야욕과 이권싸움이 걸려 있기 때문이다. 따라서 차후 3년간은 자칭 민주화 세력과 운동권의 정체와 이념이 파악되어 그들의 본색이 드러날 것이다.

친일파 문제는 그 시대에 살았다는 것만으로도 성립이 될 수 있다. 예를 들면 지금 우리가 다시 일본 또는 중국의 지배를 받는다고 가정하자. 그러면 언제 독립할 기약이나 희망이 없기에 또다시 친일파 또는 친중파가 되어 그들 정부 밑에서 요직을 차지하려는 기회주의자가 나오기 마련이다.

일제 강점기는 해방되면서 끝났지만 그 시대 사람들 중의 일부 또는 자녀들은 군정과 대한민국으로 이어지는 시대를 살아오면서 민주화란 명목으로 역사를 한쪽만 부각시켰다. 한 예로 어느 목사는 해방직후 공산당을 피해 월남했는데 당시 서울에 우익 인사보다 좌익이 더 많았다고 증언하였다. 따라서 일제 때보다는 광복 이후 지금까지 좌익, 또는 반정부 활동을 하였던 사람들의 잘못이 더 크다고 할 수 있다.

일부 친중적인 운동권 정치인이 한국의 분단이 미국에서 비롯되었다고 주장하는데 기록에 의하면 대한민국 건국 이전에 북한이 먼저 친소정권을 세웠다. 이처럼 우리의 역사는 일제시대에 생성된 역사학자 및 좌익 계열과 목사 등 광복 이후의 역사만 아는, 역사를 논하거나 평가할 자격조차 없는 사람들에 의해 왜곡되어 왔다. 대한민국 역사를 알려면 우리는 먼저 구한말, 일제 강점기, 그리고 대한민국 초기 역사를 통찰해야 한다.

지난해 이라크 파병과 올해 대통령 탄핵 때 교보문고 앞에 모여 이승만 대통령과 군사독재 외치는 사람들을 볼 수 있었다. 이들은 70~80년대 사고방식에서 탈피하지 못한 최대의 냉전 수구 세력들이다. 그들은 대한민국 초창기 역사를 반민주화라는 잣대로 보며 이승만의 정읍발언이 남북분단을 고착화시켰다고 주장한다. 초대 이승만 대통령의 대한민국 건국과 독도, 이어도를 포함한 해양주권선언, 농지개혁, 한미상호방위조약 체결 등의 업적, 그리고 외국에서 한강의 기적이라 부르는 군사정권의 경제성장은 누락하고 역사의 어두운 측면만 부각시키며 아무런 업적 없이 민주화 운동했다는 공적만 늘어놓는다.

또한 특정 종교인들은 단군왕검을 우상이라 하여 학교 교정에 있던 단군상의 목을 베는 등 몰상식한 행위를 일삼는다. 그들은 일제시대 사학자처럼 '단군은 역사적 실체가 없는 허구이며 단군상은 종교적 조형물'이라고 주장한다. 그리고 『삼국유사』, 『제왕운기』, 『세종실록지리지』에 나오는 단군왕검이 그들 종교의 전파와 선교활동에 정면 배치되기 때문에 일본학자의 주장대로 신화라고 말한다.

그러나 일반인들은 『한서지리지』 등 중국 사서에도 등장하는 단군을 종교라기보다는 우리 민족의 시조로 본다. 세종도 구월산에 삼성사를 세우고 단군을 제사 지냈고, 정조 10년 승지 서형수는 '신이 평안도 강동에서 벼슬할 때 고을 노인들이 서쪽 300리쯤에 있는 둘레가 410척 되는 무덤이 단군묘라고 하였는데 이는 유형원의 『여지지』에도 기록되어 있다'고 왕에게 고했다. 『환단고기』에 의하면 이 능은 '남쪽을 순행하다 풍류강 건너 송양에서 병을 얻어 붕어했다'는 5세 단군 구을로 추정된다.

실제로 평양의 강동면 대박산에 단군릉이 있다. 북한은 단군의 유해를 발굴하고 여기에 화강암 돌 1,994개를 쌓아 장군총 모양의 단군릉(한 변 길이 50m, 높이 22m)을 중건하였다. 이는 앞에서 언급한 5세 단군릉으로 추정되고 있다. 또한 친일 사학자는 한사군 위치에 대한 고증도 않고 고조선 영토를 한반도로 국한하였고, 고려시대 선춘령비의 위치를 두만강 북쪽 700리에서 함경도 이남으로 축소시켰다. 우리의 역사는 이런 독선적이고 무지한 사람들에 의해 축소되었다.

고조선은 기원전 2333년 중국의 능원 부근에서 건국하여 47대까지 이어졌다. 기원전 1122년에 기자가 귀순해 왔고, 기원전 4~3세기에는 요령지방을 중심으로 넓은 지역을 차지하였는데 연나라 장수 진개에게 패해 영토의 일부분을 잃었다. 기원전 194년에는 위만이 왕이 되어 다스리다가 108년 그의 손자 우거왕 때 한무제의 침입으로 왕검성(요하지역의 험독)이 함락되었다. 고조선은 중국의 고서 『관자』에도 기록되어 있다.

그런데 무슨 까닭에 반만년 역사의 절반을 차지하는 고조선사가 사라졌을까. 고조선이 멸망하면서 영토와 함께 역사도 없어진 것이다. 다만 그 역사는 필사되어 『단기고사』, 『환단고기』 등으로 전해졌다. 우리는 요하문명의 유일한 기록인 이 책과 당시 동아시아의 중심 국가였던 단군조선을 부정하면 그 뒤를 이은 부여와 고구려사도 동시에 잃어버리게 된다는 점을 명심해야 한다.

국내에서 친일파 논란과 이념 문제로 어수선한 동안 중국은 고구려사를 그들 소수민족의 역사로 왜곡하는 동북공정을 완료하였다. 그 결과 올해 7월 1일 고구려 유적이 유네스코에 북·중 동시에 등재되었다. 2001년도에 신청한 북한은 고구려 무덤 떼 4개 지역의 63기 무덤이, 2003년 뒤늦게 '고구려의 수도와 왕릉, 그리고 귀족무덤'이라는 이름으로 신청한 중국은 홀본성, 국내성, 환도산성, 광개토 호태왕비, 왕릉 12기와 딸린 무덤 1개, 귀족 무덤 26기(16기는 벽화고분)가 등재되었다.

중국은 지금 경제성장을 발판으로 패권주의로 나가고 있다. 또한 중국은 최근에 도광양회(韜光養晦, 재주를 감추고 힘을 기른다)라는 말 대신 화평굴기(和平崛起, 평화롭게 우뚝 일어선다)를 자주 사용한다. 이에 맞춰 그들은 과학 등을 중시하며 부국강병을 추구하고 있다. 그런데 우리는 그동안 내분으로 치달아 고구려 역사를 중국에 빼앗기도록 방치하였던 것이다.

중국이 동북공정을 추진한 까닭을 분석해 보면 그 의도가 분명해진다. 국익을 우선시하는 그들은 정부가 지시한 동북공정을 지방정부가 한 일 또는 학술적 목적이라고 한다. 그러나 이것은 거짓이고 그 이면에는 최근에 발견된 요하문명과 소수민족의 독립 등 영토 문제가 숨겨져 있다.

1980년대 초 요하·대릉하 지역에서 황하문명보다 앞선 동이족 문화가 대량 발견되자 중국 고고학계는 큰 충격과 혼란에 빠졌다. 그래서 이 지역을 집중 발굴한 결과, 요하 유역 영구의 금우산인(金牛山人) 화석은 28만 년 전 구석기인으로 베이징 원인보다 인류학적으로 더 진화되었음이 밝혀졌다.

1973년, 심양의 신락(BC 7000년)에서 신석기 유적지가, 요동반도 남단 광록도의 소주산(BC 7000년)에서 하층문화가, 1982년 요령성

건평현의 우하량과 부신, 사해(BC 5600년~)에서 용과 봉황유적이 출토되었고, 1983년에는 내몽골 적봉시의 흥륭와(BC 6000~5000년)에서 옥기 · 빗살무늬토기 등 신석기 문화가 발견되었다. 이것은 중국에서 가장 오래된 신석기 시대의 집단 취락지인데 황하문명보다 발달되었을 뿐만 아니라 시기적으로도 앞선다. 특히 내몽골 적봉시의 오한기에서 흥륭와, 조보구(BC 5000~4400년), 소하연, 하가점하층 등 신석기 유적지 1천 곳, 청동기 유적지 2천 곳 이상이 발굴되었다. 특히 흥륭와에서는 상투 틀고 관모 쓴 남자 도소인물상이 출토되었다.

흥륭와 문화와 신락 문화는 『환단고기』에 나오는 배달국(홍산문화)의 전신이다. 이들 유적은 흙무덤, 석성, 제단 등으로 동이족의 집단 취락지이다. 여기에서 한반도 문화와 유사한 빗살무늬토기, 옥장식(귀고리) 등이 출토되었다. 그중 흥륭와 유적의 옥결(옥귀고리)은 강원도 고성군 죽왕면 문암리의 귀고리와 유사하다. 이들 소하서, 흥륭와, 사해, 부하, 조보구 등 신석기 유적은 초기 청동기인 홍산과 소하연 문화로 계승된다.

홍산문화는 요령성 능원현 대릉하 유적과 조양시 건평현의 우하량의 적석총, 석관묘가 대표적으로 신석기 말기의 문화이다.

적봉시 홍산(BC 4500~3000)과 그 동쪽 오한기의 하가점하층(2400~1500)에서 신석기 문화와 함께 초기 청동기 문화가 대규모로 발굴되었다. 여기서 동산취의 제단(소조 임부상 출토), 우하량의 여신묘(흙으로 빚은 소조 여신상 출토)와 대형산대, 사당묘, 신전 등 대형 종교(제사) 건축물이 발굴되었다.

홍산문화는 동이족의 문화로 출토유물로 피라미드식 돌무덤,

석관묘에서 발굴된 빗살무늬 토기와 옥기, 옥룡, 곡옥(굽은 구슬로 후에 금관에 장식함), 용조각품, 옥결(귀고리의 일종), 정교한 옥 장식물, 갑골, 옥조(玉鳥), 제비형 토기 등이 있고, 우하량에서는 비파형 동검, 옥검 등 초기 청동기와 함께 여신상 및 곰의 토상 일부가 출토되었다.

이 중 한자의 원형으로 추정되는 갑골의 도부문자는 은허의 유적(BC 1700~1100년)보다 더 앞선 것이고 옥룡은 이후 동이족 국가인 은나라에서 계승 발전되었다.

우하량의 여신묘에서 여신상과 함께 출토된 흙으로 만든 곰의 아래턱뼈는 단군신화의 웅녀, 또는 곰 토템부족(맥족)의 원형으로 추정된다. 이 유물들은 신석기 시대 말기 모계사회의 문화이다. 그리고 이 홍산문화를 계승한 초기 청동기 문화인 하가점하층 문화가 단군조선의 실체라 할 수 있다.

『환단고기』에서 보듯이 우리 민족의 기원은 요하 유역과 난하 지역의 고대 문명과 관계가 있다. 그리고 『삼국유사』에 나오는 단군의 고조선 건국은 신화가 아닌 역사적 사실이다. 이 홍산문화의 주인공들이 바로 산둥반도 동이족으로 대문구문화를 이룩하였다.

중국은 홍산문화의 발굴을 계기로 황하 중심 문화론을 지양하고 다중심 문화론을 주장하게 된다. 그것은 이 홍산문화를 고조선으로 파악하면 하북 · 산둥 반도의 동이족이 한민족의 선조가 되기 때문이다.

우하량 적석총에서 발굴된 청동 제련용 도가니와 청동기 조각들은 C^{14} 연대측정 결과 이 지역에서 기원전 2000년경에 청동기 문화가 형성되었다는 사실을 입증해 준다.

소하연 문화(BC 3000~2400년)와 하가점하층 문화(BC 2000~1500년)는 본격적인 청동기 시대의 것으로 고조선의 문화이다. 여기서 한반도 문화의 특징인 빗살무늬토기, 돌무덤, 돌화살촉, 칼, 창, 석성, 비파형 청동검 뿐만 아니라 중국 문화의 상징인 용, 옥과 관련된 유물이 출토되었다. 특히 하가점하층에서 발굴된 석성에는 고구려 시대의 독특한 방어시설인 치(雉, 돌출되어 나온 성곽 구조물)가 설치되어 있다.

우리나라의 청동기 문화는 동물 형태가 그려진 북부 스키토 시베리언 계통이다. 고조선의 다뉴세문경(잔무늬 청동거울)은 청동에 아연이 합금된 것으로 구리에 주석을 합금한 중국 것과 다르다. 또한 전기의 비파형 동검과 후기 한반도의 세형동검 등도 중국 청동기 시대의 것과는 확연히 다르다. 그리고 신석기 시대 중국 황하유역 상류의 앙소문화와 하류지역의 용산문화에서 나온 채색토기도 고조선의 미송리식 토기나 빗살무늬토기와 전혀 다르다. 이러한 유물들로 볼 때 1970~80년대에 발견된 만주의 홍산문화가 황하문명을 오히려 2천 년이나 앞선다. 따라서 이 시점에 단군조선의 47대 역사가 밝혀지면 중국 역사는 설 땅이 없어진다.

중국의 손수도 등은 랴오허 문명의 발굴을 계기로 고조선을 중국 역사화하기 시작한다. 이를 위해 중국 문화의 기원을 황하문명 기원론에서 랴오허 문명 기원으로 바꾸었다. 이것이 동북공정의 전 단계이다.

다시 말해 그들은 황하문명의 붉은무늬토기, 직인청동검, 목곽묘, 토광묘 등과는 다른 빗살무늬토기, 돌무덤, 비파형 청동검,

청동제기 등 한반도 계통 유적의 발견으로 문화적 위기의식을 느꼈다. 그래서 1990~2000년에 단대공정(夏·商·周 시대의 역사연대 구분 작업)의 일환으로 낙양 지역을 발굴하여 전설상의 중국 고대 하왕조를 역사화하고 있다. 이 하상주 단대공정(1996~2000년)으로 중국은 하나라의 건국 연도를 기원전 2070년까지 끌어올렸다.

2003년에는 중화문명 탐원공정으로 전설상의 3황 5제 시대까지 1천 년을 더 끌어올리고 있다. 그리하여 우리 동이족의 문화인 요하문명과 그들 황하문명이 중원으로 모여 중국의 고대 문명이 완성되었다고 주장한다.

즉 단대공정, 탐원공정(2003년)은 황하문명보다 오래된 동북 요하문명을 그들의 역사로 편입시키려는 의도에서 나온 문명 훔치기이다. 그리고 이를 추진하기 위해 고조선, 부여, 고구려, 발해사를 중국사로 왜곡하고 동북 지역이 그들의 연고지임을 내세워 한반도의 통일과 조선족 등 소수민족의 이탈 및 독립운동을 사전에 적극적으로 차단하고 있다. 그 구체적인 예가 동북공정을 비롯하여 서남 · 서북 · 북부공정이다.

요하 지역의 유적이 우리의 문명이냐, 그렇다. 몽골 지역에서 살던 돌궐이 중앙아시아로 이주해 간 것처럼 우리 민족도 나라의 성쇠에 따라 요하에서 한반도로 밀려온 것이기 때문이다.

중국은 지금도 여러 민족을 식민 통치하고 있다. 그런데 중국이 침략자임을 밝히기 위해서 우리는 먼저 그들의 본래 영토가 아닌 티베트, 신장 위구르(실크로드), 내몽고 등이 중국의 일부로 편입된 과정을 알아야 한다. 따라서 나는 그 위선의 실체를 파악하고 동북공정이 거짓임을 알리기 위한 목적으로 이 글을 쓴다.

중국의 이민족 침략에는 영토 확장과 영토 회복이라는 두 가지 특징이 있다. 전자는 신장 위구르와 티베트의 경우이고 후자는 홍콩, 마카오의 경우이다.

신장 위구르와 티베트는 중국이 청나라 때 이 지역을 점거했던 사실을 역사적 근거로 내세워 무력 침공하여 자국의 영토로 삼은 것이다. 다른 하나는 청나라 말 조약에 의해 빼앗긴 홍콩과 마카오 등 영토의 회복이다. 이를 위해 중국은 서구열강을 제국주의라 비난한 다음 여론몰이를 하는 전략을 구사한다.

그 예로 1553년 빼앗긴 마카오와 1842년 난징조약으로 빼앗긴 홍콩을 돌려받기 위해 국제사회에서 포르투갈 및 영국과 맺은 조약의 불평등성을 강조한다. 그리고 이들 지역의 할양이 서구 제국주의의 침략의 결과라고 꾸준히 여론몰이를 하여 되돌려 받았다.

최근에는 이를 조어도(다오위다오)에 적용하고 있다. 중국은 일본이 이 섬을 1894년 청일전쟁 후 점거한 것이라고 주장한다. 그리고 1945년 이전까지 일본이 점령한 영토는 무효화한다는 카이로 선언과 포츠담 선언에 의해 중국 영토로 반환할 것을 요구하고 있다. 그러나 1909년 한국의 외교권이 박탈당한 상태에서 일본과 체결한 간도 협약에 대해서는 카이로와 포츠담 선언을 외면하고 있다.

중국은 소수민족의 식민통치를 숨기기 위해 고대 중국의 역사 서술 방법이었던 춘추필법의 후속대책으로 1981년부터 '현 중국 영토 내에서 이루어진 모든 국가나 민족의 역사는 중국에 귀속된다'는 탄지샹 교수의 '통일적 다민족 국가론'을 주창하였다. 그리고 이를 바탕으로 억지 논리를 펴서 소수민족을 중국의 일부로 정당화시키고 있다. 그 대표적인 경우가 티베트와 신장 위구르인데 이것은 소수민족의 독립을 억제하기 위한 장치이다. 그 예로 덩샤오핑 주석이 직접 지시하여 1986년에 만든 사회과학원 산하의 '장학 연구 중심'은 조공과 책봉을 근거로 하여 티베트가 13세기 이후부터 중국의 일부였다고 하는 '서남공정'으로 티베트의 역사를 중국 소수민족의 역사로 만들었다.

티베트는 청조 시대에 왕(라마)이 존재했던 하나의 독립국가였다. 그런데 1950년 말 마오쩌둥은 한국동란을 틈타 달라이 라마가 다스리던 티베트를 침략하여 이듬해 점령하고 지금까지 50여년간 식민통치해 오고 있다. 중국은 당태종의 딸 문성공주가 티베트에 시집가서 왕실 자녀를 낳았으니 당연히 티베트는 중국의 일부라고 말한다. 그리고 티베트의 전성기였던 8세기 역사를 누락하고 그들의 농노제도를 연구하여 중국이 티베트 농민들을 해방시켰다고 주장한다. 또한 50위안 지폐에 포탈라궁을 삽입하였고 티베트의 풍부한 지하자원을 노려 한족과의 결혼을 장려하고 있다. 최근에는 칭짱철도를 개통하여 티베트를 한족에 동화시켜 그들의 독립운동을 저지하고 있다.

중국이 신장 위구르 자치구의 독립을 반대, 저지하는 이유는 500억 톤에 달하는 석유와 천연가스, 석탄 때문이다. 그래서 중국은 1980년대에 사회과학원 '변강사지연구 중심'의 마다정(동북공정의 설계자)이 주도하는 '서북공정'으로 신장 위구르 자치구에 사는 회족의 역사를 왜곡하여 『서역통사』를 출판하였다.

1995년에는 '북부공정'의 일환으로 몽골의 영토가 중국 땅이라고 주장하는 『몽골국 통사』 3권을 출판하였다. 이것은 한원제의 후궁인 왕소군이 호한사선우에게 시집가서 그의 아이를 낳았으므로 흉노, 몽골의 후예도 중국인이라는 데 기초한다.

지금은 이를 토대로 한 '동북공정'으로 고구려사를 그들 소수민족의 역사로 정당화하고 있다. 이렇듯 엄청난 중국의 야욕에 대처하기 위해 우리는 그 과정과 목적을 알아야 한다.

1986년 중국의 쑨진지(孫進己)는 『동북민족원류』에서 '말갈족이 당나라의 지방정권인 발해국을 세웠다. 고구려 민족이 거의 다 한족에 동화되었다'고 주장하고 있다. 그 후 1998년 중국 사회과학원 '변강사지 연구 중심'에서 통화 사범대 교수이자 지안 박물관 부관장 출신의 겅톄화는 『중국 고구려사』를 발간하였다.

중국의 행위를 분석해 보면 80년대에 티베트, 신장 등 자기 영토 내 소수민족의 역사를 편입하였고 90년대에는 몽골, 한국과 북한 등 인접한 독립국의 고대 역사를 편입하였다. 그런데 2000년대부터 고조선, 고구려 등 요하문명에 관련된 국가에 집중되는데 그 대상이 바로 한국과 북한이다.

1990년 중반, 중국은 후진타오의 비준하에 사회과학원 주도로 동북공정을 추진한다. 그 시기는 한·중 수교 후 조선족 사회가 한국열풍으로 정체성에 혼란을 겪던 때이고 북한의 고난의 행군 시기와 겹친다. 그들은 동북공정이 동북 변경의 안정을 유지하고 발전을 촉진하기 위한 것이라고 말한다. 하지만 여기에는 중국이 한반도가 통일되거나 북한이 붕괴되었을 때 만주 지역에서 조선족의 독립운동을 차단하고 북한 지역까지 차지하려는 데 그 주된 목적이 있다.

더 나아가 조선족의 분리 움직임이 소수민족의 독립운동으로 이어질 것을 미연에 방지하기 위한 것이다. 이처럼 한반도 통일 시 우리가 조선족을 근거로 간도를 주장하기보다는 오히려 중국이 동북공정과 조선족을 근거로 하여 북한이 자국 영토란 명분으로 군대를 투입해 한반도 문제에 개입할 수 있으므로 고대사를 제대로 공부해야 한다.

그런데 서남 · 서북공정과 달리 동북공정은 그 대상인 조선족이 한국어를 완벽히 구사하는데다 접경지대에 한국이라는 모국이 있다. 그래서 다른 소수민족과 달리 조선족 자치주의 장(長)만 중국인으로 임명한다.

중국의 리앙첸 교수는 북한 정권이 10년 이상 존속할 수 없다고 말했다. 그리하여 중국은 2003년부터 단군조선을 부정하고 기자조선의 수도였던 평양이 중국의 영토라고 주장한다.

올해 초 주한 중국 대사관 측은 대만 총통 취임식에 참석하려는 국회의원들에게 참석하지 말라고 경고했고 다녀온 의원들에겐 기억하겠다고 했다. 이것은 수 · 당 시대 때 수문제가 고구려에 무례한 조서를 보낸 것과 고구려 경관을 허문 것에 비교할 수 있다.

나는 이 글을 쓰면서 전율을 느낀다. 면적 960만㎢의 영토와 13억 인구를 가진 이 거대한 국가에 우리 민족이 다시 사대주의로 복귀해야 하는 시점에 와 있기 때문이다. 이것은 지금 정부가 자주 국가를 외치면서도 티베트의 지도자였던 달라이 라마의 방한에 중국의 눈치를 보고, 탈북자의 강제 북송에 대해서 항의조차 못하는 것을 봐도 알 수 있다.

더욱이 정부는 '간도 문제로 중국을 자극하지 말라'고 한다. 나는 동북공정에 적절히 대응하지 못하여 간도를 중국에 영구히 빼앗겨버리면 훗날 지금의 정부가 북한과 중국에 사대주의였다는 것을 밝힐 수밖에 없다.

역사적으로 우리나라는 중국과 헤아릴 수 없을 정도로 많은 전쟁을 치러왔다. 그리고 중국에 한, 수, 당, 명나라 등 한족 국가가 성립되면 항상 영토 문제가 대두되었다. 지금은 한족 국가인 중화민국이 동북공정으로 간도와 한강 이북의 고구려 영토를 손에 넣으려 하고 있다. 북한에 정변이 일어나 한국과 미군이 북에 진주하면 중국이 어떤 형태로든 개입한다는 것은 신라의 삼국통일이 잘 설명해 준다. 그러나 중국은 여 · 수, 여 · 당 전쟁, 임진왜란, 청 · 일 전쟁, 그리고 한국동란 등 한반도 문제에 개입하여 별 이득을 얻지 못하였다.

현재의 국경선은 청과 일본에 의해 축소되어 강을 따라 그어졌다. 1860년 청은 베이징 조약으로 두만강 하구의 녹둔도와 연해주를 러시아에게 넘겨주었다. 그리고 일제는 1909년 9월 청나라와 간도 협약을 맺고 봉금지대였던 압록강, 두만강 이북의 영토인 간도를 고스란히 청에게 넘겨주었다. 고려 예종 때 선춘령(수이푼강) 이남이었던 국경선이 두만강으로 축소된 것은 결국 나라가 힘이 없으면 영토 분쟁에서 철저히 소외되어 강대국에 예속되거나 사대주의로 존명해야 된다는 진리를 깨닫게 해준다.

우리는 목숨을 걸고 나라를 지켜온 고구려인의 기상과 정신으로 통일을 이루어야 한다. 그런데 우리가 통일되고 간도를 되찾지 않기를 바라는 나라가 바로 중국과 일본이다. 특히 중국은 한반도의 평화와 안정을 바란다고 늘 말하는데 이는 북한을 완충지대로 보고 한반도 분단의 고착화를 바라는 속셈이다. 한국에 열등의식을 느끼면 그들은 우리를 조공, 책봉했던 속국이라고 반복해서 말한다.

중국은 건국, 영토 확장, 번영, 농민반란으로 인한 쇠퇴 단계를 200~300년 주기로 반복해 왔다. 우리는 지금 영토 확장 내지 성장 단계에 들어선 사이클을 잘 보면서 국익에 대처해야 한다.

한민족의 미래는 미국과의 동맹관계에 달려 있다고 해도 과언이 아니다. 그들은 중국과 달리 우리 영토에 관심이 없다. 중 · 일 두 강국 사이에서 미국이란 동북아 최대의 견제세력이 없었다면 우리는 독립과 민족자존에 큰 어려움을 겪었거나 구한말 조선 또는 티베트처럼 다시 열강의 지배하에 들어갔을지 모른다. 한 중국인이 '중국이 한국을 인정하는 것은 한 · 미 동맹으로 인한 미국 때문'이라고 한 말을 참고해야 한다. 따라서 중국의 패권주의를 저지하기 위해서 동맹국인 미국과 일본과의 외교관계를 강화해야 한다.

한 인물의 통솔력과 지도력은 막강한 힘을 발휘한다. 우리나라는 소신 있고 용기 있는 현명한 인물이 나와야 경제를 살릴 수 있으며 혼란을 막고 통일을 이룰 수 있다. 중국의 급부상은 인접국인 한국에 큰 위협이 될 수 있다. 그런데 지금 우리의 현실은 너무나 암담하다. 그것은 북한의 붕괴가 곧바로 한반도의 통일로 이어지는 것이 아니기 때문이다.

만약 북한 정권이 붕괴되면 남한이 북한 지역을 그대로 접수하지 못한다. 국제법상 북한은 독립된 주권국가이므로 한국이 북한에 개입하거나 통치권을 가질 수 없다. 그러나 미국과 중국은 한·미 상호 방위조약과 조·중 우호조약에 의해 한반도 문제 개입이 가능하다. 특히 북한에서 동란이 일어나면 중국은 북한 내 자국민 보호와 난민 방지를 명분 삼아 군대를 투입할 수 있다. 이 때문에 지금까지 조·중 우호조약을 유지하고 있다. 따라서 우리는 독일처럼 북한과 통일조약을 맺거나 미국 또는 UN에 협조를 구해야 한다. 그리하여 북핵이란 요인으로 인해 다시 피를 흘려도 친중 정권을 내세우려는 중국에 의해 한반도가 영구 분단국이 되는 경우를 막아야 한다.

통일이 되면 지금의 혼란스런 이념과 가치관은 달라진다. 우리는 그것을 염두에 두고 미래를 내다보아야 한다. 중국은 한반도 통일에 대한 협조 대가로 간도 문제를 제기하지 말 것과 미군 주둔 문제를 따질지 모른다. 그러나 우리는 먼저 중국이 군사력을 증강하는 이유를 묻고 통일 후에도 중국, 일본을 견제하고 동북아의 평화와 안정을 유지하는 차원에서 우리의 국방을 강화하고 일부 주한미군의 주둔이 필요하다는 것을 납득시켜야 한다.

따라서 동북공정에 대한 통일 대책으로 '동포와 난민 사기 방지법'을 만들고 헌법의 영토 규정도 '대한민국 영토는 한반도와 북방 고토(간도) 및 그 부속도서로 한다'로 고쳐야 한다. 그리고 우리말과 글을 사용하며 한국문화를 이어오는 연변 조선족 교포들을 우리 동포로 인정하여 따뜻하게 맞아주어야 한다. 또한 국가적 인도적 차원에서 탈북자를 적극 받아들여야 하는데 그들은 통일 시 중요한 의미를 갖게 되며 상당한 역할을 할 것이다.

나는 이번 여행에서 남·북한 그리고 간도 지역에 사는 동포들의 독립과 통일을 주제로 삼고 중국이 소수민족사로 왜곡하려는 고구려의 유적을 답사하여 이를 분석, 그들의 주장을 반박하고자 한다.

2004년 8월 5일

10시 30분 심양 공항에 도착하였다. 11시에 일행들과 합류하여 버스에 탔다. 오늘은 본계, 요택을 경유하여 환인으로 간다. 버스 안에서 심양이 고향인 가이드가 일행에게 인사하였다.

가는 동안 고구려 연구회장인 서길수 교수의 제안으로 각자 자기소개를 하였다. 이번 여행팀은 주로 교사들과 역사에 관심 있는 직장인들로 구성되었다. 『월간중앙』 이미경 기자를 비롯하여 교사, 작가 등 다양한 직업을 가진 사람들이 나와 인사하였다. 본계읍을 지날 즈음 서길수 교수가 설명을 하였다.

동북공정은 2002년 2월 28일 시행된 '동북변강 역사 여현상 계열 연구공정'의 줄임말로, 중국 동북 변경지방의 역사와 현황에 대한 일련의 연구 작업을 뜻한다. 이것은 1983년 설립된 중국 국무원 산하 사회과학원 소속 '변강사지 연구 중심'이 주관이 되어 2002~2006년까지 5년 동안 그 주요한 연구 내용의 하나인 고조선, 고구려, 발해사를 정부 차원에서 연구하여 중국사로 왜곡하고 있다.

동북공정은 탄지샹 교수의 이론 '통일적 다민족 국가론'을 쑨진지와 통화 사범대 고구려 연구소 부소장인 경톄화가 이론적 체계를 세우고 이를 바탕으로 산둥대 역사학과 출신의 마다정이 설계하여 실행에 옮긴 것이다. 이것은 한반도의 통일 또는 북한 붕괴 후 중국이 간도 지역에 대한 역사적 연고권을 확립하여 조선족의 동요를 막고 북한지역을 차지하려는 데 그 목적이 있다.

동북공정에 대해 그들은 2가지 견해를 갖고 있다. 하나는 '고구려사는 현재의 국경선을 기준으로 한국사이기도 하고 중국사이기도 하다'는 쑨진지의 일사 양용론(一史 兩用論)이고, 다른 하나는 마다정의 '고구려사 전체가 중국 역사'라는 것이다. 지금은 고구려사 전체가 중국 역사라는 후자 견해로 바뀌었다. 이 때문에 중국 정부는 조선족에게 역사관, 민족관, 조국관이라는 3관 교육을 시키고 있다. 이 이론대로라면 한국의 역사는 2000년으로, 영토는 한반도 또는 한강 이남으로 줄어든다.

서길수 교수의 설명에 따르면 중국 측 주장은 크게 5가지로 나눌 수 있다.

첫째, 고구려는 원래 현재의 중국 땅에 세워졌으므로 중국사라는 것이다. 역사의 주체는 민족으로 각 민족에게 역사와 전통이 있고 땅에는 전설과 민담이 있다. 그 민족이 행해 온 행위는 바로 그 민족의 역사가 된다. 그런데 중국은 현재의 영토를 기준으로 고구려를 '서한 현도군 고구려현의 변강 민족이 수립한 소수민족 정권'이라고 주장한다. 그들의 주장대로라면 고구려사는 그들의 역사이고 고구려 영토 또한 그들의 땅이라는 것이다.

기원전 108년 한무제는 고조선을 멸망시키고 고조선 강역의 땅에 낙랑(갈석산 지역), 현도, 임둔, 진번 등 한사군을 설치하였다. 그러나 기원전 82년 임둔, 진번은 폐지되었고 기원전 75년 현도군은 토착세력에 의해 쫓겨나고 다시 고구려가 지배하였다. 그러므로 고구려는 현도군 땅에서 시작된 게 아니라 고조선의 옛 땅에 세워졌다. 한사군 위치는 고조선 영토를 말해 주는 중요한 단서

인데 난하지역에 설치된 낙랑군이 400년 이상 존재한 것은 중국 지역에 가까이 있었기 때문이다. 『황하에서 한라까지』를 쓴 심백강 교수에 의하면 낙랑군 위치는 홍산문화가 발굴된 요서지방의 난하와 대릉하 유역으로 이곳이 고조선의 발상지라고 하였다.

고구려 역사 705년 동안 중국에는 35개 왕조가 생성되고 멸망했다. 그리고 이들 왕조 중 절반이 북방 이민족이 세운 국가이다. 우리는 이들 왕조를 모두 중국사로 인정해선 안 된다. 그들의 영토 중심의 논리로 해석하면 평양의 최씨 낙랑국은 현재 북한 영토 내에 있으므로 당연히 한국사이다.

둘째, 고구려는 중국에 조공을 바치고 책봉 받았다. 즉 예속되었으므로 고구려는 중국의 지방 정권이라고 주장한다. 그런데 이것은 우연히 어느 편지에 의해 거짓임이 밝혀졌다. 1854년 8월 25일, 홍콩 총독 바우링이 영국의 클라렌든 외무상에게 편지를 보냈다. 그는 서한에서 '조선은 중국에 조공을 바치고 있지만 중국이 실지배권을 행사한 적 없고 조선 정부의 재판권에도 관여한 바 없다'고 썼다. 여기서 조공의 실상이 드러났는데 즉, 청은 조선의 내정에 간섭하지 않았다는 것이 밝혀졌다.

마찬가지로 고구려는 영락, 건흥 등 독자적 연호를 사용하였고 중국은 고구려의 조세 징수, 왕위 계승에 관여하지 못했다. 공물, 즉 선물을 바치는 조공은 고대 시대에 강대국과 약소국 간의 전근대적인 외교형식이다. 백제, 신라, 일본, 베트남도 중국에 조공을 바쳤고 여진과 유구국(오키나와)도 조선에 조공을 바쳤다. 그것은 단지 외교적 성격을 띤 무역 관계였을 뿐이다.

책봉은 한국에서 정권이 바뀌면 미국에 사절을 보내어 공식 인정받는 것과 같은 의미이다. 따라서 고구려가 한족의 지방정권이었다면 지방 관리를 임명하여 파견하거나 한족과 같은 민족이라는 일체감이 있어야 한다. 그러므로 중국은 고구려가 35개 왕조 중 어느 나라 지방정권이었는지부터 분명히 밝혀야 할 것이다.

셋째, 고구려와 수 · 당 전쟁은 내전, 즉 민족통일전쟁이다. 그들은 고구려를 중국 고이족(高夷族)의 후예라고 주장한다. 고구려는 고조선, 고구려의 맥족(곰 숭배)과 부여의 예족(호랑이 숭배)이 합쳐 이루어진 국가이다. 따라서 화하족인 중국과 예맥족(濊貊族)인 고구려는 실제로 민족과 언어가 달랐다.

백제 개로왕이 북위에 보낸 국서에 '신 백제와 더불어 고려는 근원이 부여로부터 나왔다'고 하였고, 『삼국지』 위지 동이전에도 고구려의 언어와 풍속이 부여, 옥저, 동예와 비슷하다고 쓰여 있다. 뿐만 아니라 세종대왕도 훈민정음에서 '나라 말씀이 중국과 달라 서로 통하지 않아서…'라고 한글 창제 동기를 분명히 밝히고 있듯이 중국과 고구려는 언어가 달랐다. 『환단고기』에 의하면 한글은 원래 고조선의 가림토 문자에서 나왔다고 한다.

한국은 『삼국사기』 고구려 본기라는 정사가 있고 고구려를 민족사로 인식해 왔다. 이에 반해 중국사서는 고구려를 오랑캐라 하여 타국으로 취급하고 멸시해 왔다. 그리고 한족 국가와 예맥족 간의 전쟁이었던 고구려와 수 · 당 전쟁 시 문제, 양제, 당태종의 말에 통일전쟁이란 구절이 나오지 않는다. 더욱이 임진왜란 때 지원군으로 조선에 온 명나라 장수조차 조정의 신하들에게 "당신들은 고구려 때는 그토록 전쟁을 잘하던 민족이었는데 지금은 어째서 이런가" 하고 질책한 것은 조선을 고구려의 후예로 인정하였음 뜻한다.

고구려는 3월 3일 낙랑언덕에서 사냥대회, 10월 동맹이라는 제천행사, 그리고 예서제(데릴사위제), 발 방아, 온돌문화 등 한족과 다른 민족 고유의 풍속과 문화가 있었다. 게다가 고구려인들은 조우관 또는 소골(귀족들이 쓰던 깃털 달린 모자)이라는 모자를 쓰고 활쏘기와 말타기를 즐겼다. 고구려인이 우리와 같은 민족이라는 것은 한국이 올림픽 때 양궁에서 6연패하여 활을 잘 쏘았던 동이족의 전통을 이어오는 것에서도 알 수 있으며 Korea도 고구려(고려)에서 나온 것임을 알 수 있다. 또한 고구려 오회분 4, 5호 묘 벽화에 나오는 요고(腰鼓)는 고려 때 장구로 계승되어 지금의 농악놀이에 쓰이고 있다. 이처럼 고구려는 언어, 역사, 풍속, 문화 등으로 볼 때 중국과는 전혀 다른 민족이다.

고구려 영토에서 나온 기원전 4세기경 고조선의 적석총은 중국에서는 볼 수 없는 것이며 성곽축조 등 돌을 다루는 기술 자체도 중국과 달랐다. 이것은 요하 지역에서 발굴된 초기의 치(雉) 시설이 이를 증명해 주고 있다.

넷째, 고구려와 고려는 고씨 왕조에서 왕씨 왕조로 이어졌으므로 왕조가 다른 별개의 국가이고 왕건의 조상도 낙랑국 출신의 한족일 거라고 주장한다. 하지만 중국도 하, 은, 주, 진, 한, 수, 당, 송, 원, 명, 청에서 보듯이 왕조마다 성씨가 다르며 원, 청은 이민족이 세운 왕조이다.

고려사의 고려세계(高麗世系)에는 왕건의 조상인 호경(虎景)이 백두산 출신이라고 기록되어 있다. 그리고 고려와 거란의 안융진 담판 때 서희가 “고려가 고구려를 이어받았다”고 하자 소손녕도 이를 인정하였다. 고구려가 멸망하자 일부는 신라에, 30년 뒤에는 발해로, 발해는 나라가 망하자 대광현 등 왕족이 고려에 귀순해 왔다.

다섯째, 고구려 멸망 후 영토의 3분의 2와 인구의 4분의 3이 중국에 흡수되었으므로 고구려를 중국이 이어받았다고 한다. 그들은 『삼국사기』를 인용하여 고구려 멸망 당시 호구와 영토(69만 호와 176개의 성)를 기준으로 고구려 인구가 약 350만 명이었다고 주장한다. 그러나 이것은 당이 함락한 지역의 고구려 인구이다.

고구려 면적은 약 34만㎢로 추정되는데 이 중 항복하지 않은 북동부 지역은 웅거하다 30년 뒤 발해의 영토가 되었다. 발해 국경은 서쪽이 옛 고구려 말기의 영토를 기준으로 그어졌고 고구려 유민은 곧 발해인이 되었다. 그런데 약 350만 인구의 국가를 정복하기 위해 수나라가 113만의 병력을 동원했다는 건 말이 안 된다. 당나라도 힘에 겨워 신라까지 끌어들여 나·당 연합군 77만으로 1년에 걸쳐 겨우 멸망시켰다. 따라서 미 함락된 성의 개수와 포함되지 않은 영토를 합치면 고구려 인구는 600~700만으로 추정된다. 게다가 낙랑목간에 기록된 호구와 인구수를, 조선말 녹둔도 가구 수를 기준으로 계산해도 1호 7~8명이므로 고구려 인구는 500~600만 명 이상으로 추정할 수 있다.

나·당에 의해 멸망한 고구려 땅은 신라가 일부 차지하였고 항복하지 않은 압록강 이북의 18개 성과 영토는 그 후 진국 즉, 발해로 넘어갔다. 그들은 한때 요동반도의 일부(14개 성)를 차지하였을 뿐이다. 현재 중국 내에 고구려 성이 130개 있다고 한다.

고구려는 기원전 37년에 건국하여 서기 668년까지 705년 동안

28대 왕조가 이어온 나라이다. 시조 동명성왕이 나라를 건립하였고 2대 유리왕은 기원전 9년 선비족을 쳐서 속국으로 삼았고, 14년에는 조양의 양맥과 북경 주변의 고구려현을 장악하였다. 3대 대무신왕은 22년 동부여를 쳐서 대소왕을 죽이고 26년에는 백두산 부근의 개마국과 구다국을, 37년 아들 호동왕자는 최리의 낙랑국을 정벌하였다. 5대 모본왕은 49년 3천 리 이상 진군하여 후한의 우북평, 산서성의 태원 등 베이징 지역을 공격하였다.

6대 태조왕은 55년 요하를 넘어 요동 6현을 공격하여 태수 채풍을 죽이고 요동을 차지하여 10성을 쌓았고, 이듬해 동옥저를 정복하여 고구려의 기틀을 마련하였다. 미천왕은 311년에 중국의 고구려 침입의 요충지인 서안평을 정복한 다음 난하 지역의 낙랑군을 멸망시키고(313년), 대방군 일부를 차지하여 잃었던 고조선 영토를 회복하였다.

우리에게 고구려는 한족에게 빼앗긴 고조선 영토를 회복(다물)하였던 자주 독립 정신을 의미한다. 그러나 고구려의 긴 역사에 비해 『삼국사기』에 기록된 역사는 빠진 것이 더 많다. 그래서 우리는 그 자세한 역사를 알지 못한다. 고구려 멸망 시 고구려 이전의 사서 『유기』와 이것을 요약한 이문진의 『신집 5권』을 잃어버린 지금, 그나마 남은 역사마저 중국에게 빼앗겨서는 안 된다. 이를 위해 우리는 국사에 대한 올바른 인식과 관심을 가져야 한다. 또한 신라인 김함보의 후예가 세운 금나라에 대해서도 연구해야 한다. 중국의 침략의도를 저지하기 위해서는 먼저 중국의 역사와 우리 역사를 바로 알아야 한다.

3시 20분, 환인에 도착하였다. 일행은 호텔에서 체크인한 다음 단체로 유람선을 타러 갔다.

환인(회인현)은 고구려의 첫 수도로 원 지명은 홀본(졸본)이다. 청나라 때는 봉금지대였는데 19세기 말엽부터 한인들이 들어와 살기 시작하였다. 그래서 광서 3년(1877년)에 청은 봉금령을 해제하고 이곳을 회인현으로 삼았다. 지금은 만주족 자치현으로 3,500㎢ 면적에 인구 약 31만 명이 살고 있다. 환인은 사방이 산과 강으로 둘러싸여 있어 산림자원과 물고기 등 어류자원이 풍부하다. 특산물로 장뇌삼을 많이 재배하고 있다.

20분 뒤 버스는 비류수(혼강) 선착장에 도착하였다. 일행은 선착장에서 유람선을 타고 강을 거슬러 올라갔다. 혼강은 원래 작은 강이었는데 댐을 만들어 수면이 100m 정도 높아졌다고 한다.

배가 강을 거슬러 올라가자 왼쪽에 비스듬한 평지 모양의 산이 나왔다. 바로 우리 민족의 성지인 고구려의 홀본성(오녀산성)이다. 나는 오녀산성(당나라 때 이름임)을 우러러 보았다. 고구려의 첫 수도인 오녀산성을 실제로 대하고 보니 가슴이 벅찼다.

이곳은 원래 우리 민족의 생활터전이었다. 기원전 2333년 단군왕검이 아사달에 나라를 세워 한민족의 역사가 시작되었다. 그러나 위만의 손자 우거왕 때 한무제의 침입으로 고조선은 멸망하였다. 무제가 요동에 설치한 한사군은 토착세력의 저항으로 쫓겨가고 부여, 옥저, 동예가 일어났다. 그 후 추모가 부여에서 나와 고조선 영토였던 고구려현의 홀본에 나라를 세웠다.

천제 해모수는 강의 신 하백의 딸 유화를 만나 관계를 맺었다. 그 뒤 북부여왕 금와는 우발수에서 유화를 만났는데 유화로부터 해모수와 있었던 사연을 듣고 그녀를 방에 가두었다. 유화는 갇

▲ 고구려의 발상지 오녀산성

혀 있는 동안 햇빛을 받아 알을 낳았다. 그 알에서 추모가 태어났는데 그는 7세 때부터 활을 잘 쏘았다. 이를 시기한 금와왕의 장남 대소가 죽이려 하자 추모는 부하 오이, 마리, 협보를 이끌고 도망쳤다. 강가에서 잡힐 무렵 그가 기도하자 물고기, 자라가 다리를 놓아주어 강을 건넜다.

추모는 모둔곡에서 세 사람을 만나 성을 하사하고 이들 극재사, 중실무골, 소실묵거와 함께 강가에서 살았다. 기원전 37년(한나라 효원제 2년) 22세 때 추모는 홀본에 나라를 세웠다. 그는 비류수를 거슬러 올라가 비류국 송양왕과 활쏘기 시합을 하여 이겼다. 다음 해 송양이 항복해 오자 추모는 비류국, 즉 지금의 요령성 신

빈현에 있는 흑구산성과 전수호산성을 다물도(고토회복)로 개칭하고 그를 군주로 봉하였다. 기원전 32년에 추모는 행인국을, 기원전 28년에는 북옥저를 멸하였다.

나는 오녀산성을 바라보며 동명성왕의 창업을 칭송하였다.

환인현 맞은편이 평안북도 벽동, 초산이다. 한반도와 고구려의 첫 수도는 강 하나를 사이에 두고 멀지 않은 거리에 있다. 중국이 고구려를 요동정권이라 주장하고 있지만 고구려는 만주와 한반도를 아우르던 국가였다. 어찌 강 하나를 사이에 두고 고구려를 분리시키는가. 고구려를 너무 멀리서 보지 마라. 바로 압록강 건너 지척이 고구려 땅이다.

그러면 백제는 무슨 정권인가. 바로 고구려의 시조 추모왕의 셋째 아들 온조가 세운 나라이다. 한민족은 요동에서 태동하여 한반도로 이주해 왔다. 백제는 고구려에서, 고구려는 부여에서, 부여는 고조선의 영토에서 나왔다. 그러나 한편 고구려사를 잃으면 고조선, 부여, 발해사도 잃어버리게 된다는 생각에 마음이 무거워졌다.

한 시간에 걸친 유람을 끝내고 호텔로 돌아왔다. 6시에 식사를 하고 방에 들어왔다. 나는 창가에 다가가 오녀산성을 바라보며 깊은 감회에 젖었다. 날이 어두워지자 산정에 별 크기의 불빛이 보였다. 무엇일까. 아하, 아까 오녀산성에 세운 TV 송신소의 불빛이라고 들은 것 같다.

고구려 태조 추모왕이 첫 도읍을 했던 곳. 내일 그 비밀에 싸인 역사를 답사하러 간다는 생각에 가슴이 설레었다. 그래서 2천 년 전 우리 고대 국가의 역사를 알고자 하는 마음에서 서길수 교수가 쓴 고구려 책자를 읽어보았다. 그때 어디선가 중국 음악이 들려와 마음이 혼란스러워졌다. 나는 홀본성 아래 있는 작은 호텔에서 묘한 기분에 들떠 있었다.

8월 6일

아침 식사 후 호텔에서 나왔다. 7시 50분경 일행은 미니버스 3대에 나눠 타고 오녀산성으로 출발하였다. 오녀산로에 진입하자 '오녀산성 6㎞'라 쓰인 표지판이 나왔다. 버스는 작은 성벽과 소나무 숲을 지나갔다.

10분 뒤 험한 바위 암벽으로 이루어진 오녀산성이 보였다. 북쪽 끝에 안개가 서려 있는 오녀산은 그리스의 올림푸스 산처럼 그 전경을 드러내고 있었다.

나는 오녀산성을 보자 대단히 흥분했다. '고구려인은 산길을 평

▲ 오녀산성 앞에서

지 달리듯 했다'고 한다. 중국의 한족 중 이런 험한 절벽 위에 도읍한 고대 국가가 있었던가. 그들은 원래 황하 유역에 살던 민족이었다. 산해관은 진시황이 고조선과 인접하였던 연나라까지 통일했던 당시 고대 중국의 국경선이다. 즉 진은 연나라 장수 진개가 고조선 서쪽 2천 리 땅을 뺏은 뒤 연을 통일하였다. 그러므로 만리장성은 고조선의 영토가 베이징 지역 부근이었다는 것을 말해준다. 그리고 진의 통일 1세기 후 한무제가 고조선을 멸하고 이 지역에 한사군을 설치한 것이다. 중국이 본격적으로 만주를 차지한 것은 청나라 말부터이다.

전나무 숲 사이를 가던 버스가 영천을 지나 주차장에 정차하였다. 8시 30분, 일행은 가파른 계단을 오르기 시작하였다. 15분 뒤 천창문을 통과하여 산정에 이르렀다.

오녀산성(홀본성=홀승골)은 동서 약 300m, 남북 약 1㎞이다. 산 아래에는 높이 3~6m의 성벽이 지금도 남아 있고 또한 이 부근에 적석총(고구려 초기 무덤) 등 많은 고분이 있다. 환인에서 발견된 750개의 묘 중에서 95%가 적석묘라고 한다. 이것은 대능하 지역의 적석총 및 돌무덤의 영향을 받은 것이다. 오녀묘에서 사진을 찍은 후 서문으로 갔다.

서문은 옹성(甕城)의 초기 구조를 하고 있다. 맨 앞에 문의 주춧돌이 있고 그 안쪽에는 보초들이 근무할 수 있는 형태의 구조를 갖추었다. 발굴 당시 서문은 흙에 덮여 있었는데 이 문은 고구려 성에서만 볼 수 있는 삼각형의 겉쌓기로 지어졌다.

나는 안내문을 읽었다.

'서문은 산성의 주요 문의 하나로 너비 3m의 석성벽에 접해

▲ 오녀산성 구들

있다.'

일행은 서문을 보고 동문 쪽으로 걸어갔다. 오녀산성의 넓은 평지를 걸어가다가 '왕궁유지(王宮遺地)'에서 멈춰 섰다. 주춧돌 7개가 있는 곳이 왕궁 유적지이다.

중국 측은 처음에 이곳이 고구려의 수도라는 견해에 의문을 품었다고 한다. 그런데 1985년 TV 송신소를 지으려고 땅을 팔 때 이곳에서 고구려 유적이 나왔다. 이후 전면 발굴한 결과 고구려 초기의 주춧돌이 나왔다고 한다.

왕궁유지에서 사진을 찍은 다음 전망대로 갔다. 전망대에 이르러 혼강(桓仁水庫)을 조망하였다. 여기서 혼강을 따라 2시간 정도 올라가면 압록강의 수풍댐 상류가 나온다. 요령성은 이 강 상류의 길림성으로부터 물을 사서 일본에 수출하고 있다고 한다.

전망대에서 나와 천지 쪽으로 걸어갔다. 오녀산은 해발 820m

▲ 천지

이고 정상의 바위 높이가 100m이다. 이런 곳에 사람이 살려면 물이 있어야 하는데 실제로 물이 나오는 곳이 있다. 잠시 후 물이

▲ 오녀산성 거주 건축지

고여 있는 천지에 이르렀다. 천지는 가로 10~15m, 세로 4~5m 정도 크기의 연못이다. 초기 고구려인들은 이 천지에서 나오는 물을 먹었는데 천지 앞에는 샤머니즘 의식에 따라 나무에 빨간 천들을 매어 놓았다.

다음에 간 곳은 새로 발굴해 낸 곡식창고이다. 배수 시설까지 갖춘 것으로 보아 고구려의 부경(桴京)으로 여겨진다. 서 교수는 창고의 규모로 볼 때 이 정도면 3천 명의 군사가 먹지 않았을까 하고 추측하였다.

거주 건축지는 직사각형 형태로 되어 있다. 집터에 널려 있는 납작한 돌들은 바로 고구려인들이 사용하던 2개의 쪽구들이다. 고구려인은 난방시설로 온돌을 만들어 사용하였다. 온돌은 방고래가 높아 걸터앉게 되어 있는 중국 난방시설인 '캉'과 구별된다. 온돌은 한국의 대표적인 난방 양식으로 약 2,500년 전 북옥저에서 유래되었다고 한다. 우리의 고유한 온돌문화는 고구려에서 발해로, 그리고 한반도로 전해져 내려온 것이다.

나는 거주 건축지에서 영어 안내문을 읽었다.

'이 건물들은 정사각형 또는 직사각형 모양이었다. 우리는 이것을 군 막사 유적으로 추정한다.'

다음 거주지에도 쪽구들이 있었다. 중국인 감시원이 자갈로 선을 표시해 놓은 안쪽이 전부 구들이므로 밟지 말라고 주의를 주었다.

9시 50분, 관운정에서 혼강을 본 다음 점장대로 갔다. 점장대(820m)는 오녀산에서 가장 높은 곳에 있다. 이곳에 오르니 혼강과 만락도(萬樂島)의 전경이 잘 보였다. 혼강(비류수)은 용이 누워 있는 모

▲ 혼강

습이어서 환룡강(桓龍江)이라고도 한다.

일행은 근처에 있는 가파른 계단을 내려가 남문을 보고 올라왔다. 동문 쪽으로 돌아 내려갈 때 바위 옆에 있는 움집을 보았다. 이것은 작년(2003년)에 발굴한 것으로 주춧돌을 보아 무기고로 추정된다.

성벽 밑의 계단을 내려갔다. 고구려인들은 이 가파른 절벽 아래에도 성벽을 쌓았다. 성벽이 끝나는 지점에 이르러 길이 나왔는데 길옆에는 작년에 발굴한 초소 터가 있다. 고구려인들은 중요한 길목마다 군사들을 배치하였던 것이다. 초소 유적지를 본 다음 도로를 걸어 동문에 이르렀다.

동문은 3세기에 지어졌다. 동문은 축성법이 우수하여 지금까지 완벽하게 남아 있는데 이 문은 성곽을 바위 위에 그대로 쌓는 그렝이 공법으로 지어졌다. 돌을 밑에서부터 비스듬히 안으로 들여 쌓았고 성벽 위는 흙으로 덮여 있었다. 문의 한쪽이 어긋나 밖으로 튀어나온 것은 옹성의 초기 형태이다. 중국에선 당나라 때 옹성이 처음 등장한다. 동문 옆에 전화기가 설치되어 있었다. 이것은 중국 측이 홀본성을 유네스코 문화유산으로 등록하기 위해 서둘러 정비하였음을 말해준다. 유적지도 작년과 올해에 발굴한 것이 대부분이다.

나는 안내문을 읽었다.

동벽. 동문

'동벽은 길이가 420m이고 남아 있는 성벽은 높이 7m, 성벽의 꼭대기는 난간과 돌기둥 움구덩이로 되어 있다. 너비 4m의 동문은 대개 고구려 산성도시 내부 문의 형태이다.'

서벽. 서문

'서벽은 길이가 140m이고 돌로 세워졌다. 밑은 너비 5m, 위 꼭대기는 너비 2.5m, 그리고 높이 4.5m이다.'

나는 영어로 적힌 안내문을 읽으며 역사적 사료와 전문적 지식이 없는 중국이 성벽의 기초적인 사항만을 기록하였다는 것을 발견할 수 있었다. 고구려가 중국이 세운 나라가 아니므로 고구려사서는 중국에 없다. 그래서 중국은 1980년대에 고구려사에 대한 자료를 한국에서 빼내어 갔다. 이것은 결국 고구려가 그들이 세운 국가가 아니었음을 말해 주는 것이다.

나는 고구려사에 대한 자료가 우리에게 더 많고 또한 우리의 역사라는 점에서 한 가닥 희망을 갖는다. 고문서에 의존하여 역사를 왜곡하는 중국의 고구려사 연구는 지금까지 발굴된 유물들에 대한 기본적인 상식 정도가 전부이다. 그러므로 고구려사에 대한 상세하고 체계적인 연구가 앞으로 우리들이 해결해야 할 과제이다.

정오 무렵, 식사를 한 다음 짐을 챙겨 갖고 나와 심양 가이드와 인사를 나눈 뒤 차에 탔다. 박물관으로 갈 때 집안(集安) 가이드가 일행들에게 인사하였다.

만주는 길림성(2,500만 명), 흑룡강성(3,600만 명), 요령성(4,000만 명)과 내몽고 일부를 포함하는 지역으로 인구가 약 1억 명이다. 그중 흑룡강성은 머루 포도주가 유명하다고 한다. 가이드 말대로 길가 철조망에 머루가 가지를 길게 드리우고 있었다.

1시 10분, '오녀산산성 사적 진열관'에 도착하였다. 이 사적 진열관은 2003년 8월 30일 개관한 것으로 전시물 중에는 복제품이 더러 있다. 안에 들어가면 사진촬영을 할 수 없다. 진열관에 들어가서 중국어와 영어로 쓰인 안내문을 읽었다.

'…고구려왕은 중앙정부가 내린 조복(朝服)을 받았고 그 호적을 고구려 현령이 관장하였다. 이렇게 함으로써 인종적 소수민족인 고구려 정권과 한나라 중앙 정부 간에 예속관계가 확립되었다.'

나는 전시관에서 호태왕비 사진과 오녀산 모형도, 돌화살촉, 석검등 신석기에서 청동기 시대의 유물들과 기와들, 칼 모양의 청동 동전(명도전), 상평통보처럼 가운데 구멍이 뚫린 동전, 삽 모양의 동전 등을 보았다. 출토된 유물들은 신석기 시대 말, 즉 고조선 이전부터 오녀산에 사람이 살았다는 것을 입증해 준다.

'유물들 중 기와, 쇠도끼, 명도전과 삽 모양의 동전, 상평통보 모양의 작은 동전은 추수동에서 출토되었다. 도자기 컵, 도자기

▲ 오녀산 산성 사적 진열관

단지, 그리고 철제 곡괭이와 철제 농기구는 건축지에서 출토되었다.'

그 다음 사진들을 보았다.

'20여 개 이상의 건물 터가 산 정상의 남동부에서 집단(무더기)으로 발견되었다. 경계초소는 그 산성도시의 전략적 위치에 세워졌다. -초소유지-'

'오녀산성 도시에는 두 곳의 수원(물)이 있다. 그중 하나가 천지로 산성 도시의 중서부에 위치해 있다. 그곳은 고구려인의 중요한 물의 수원지였다. 다른 하나는 산성도시의 동쪽에 위치한 마르지 않는 자연 샘물이었다.'

도자기, 양동이들, 2개의 철제 벨트 버클, 철제 끌, 철제 창, 철제 낚시 등은 막사 터에서 출토되었다. 말을 탈 때 발을 얹어놓는 등자, 안장 등 전차 장식물과 철제 항아리, 철제 솥, 철제 전투 도끼, 연필 모양의 철제 화살촉은 저장물 창고에서 나온 유물이다.

'고구려 때 많은 무덤들이 오녀산성 도시 주위에 분포되었다.' 초기 적석총에서 출토된 검, 도자기 단지, 항아리 등의 유물들과 환인현 미창구 나루터에 있는 장군 무덤 내부의 축소 모형도와 거기에 그려진 연꽃무늬 벽화, 그리고 솥을 얹는 부뚜막(장군묘에서 출토됨)을 보고 나왔다. 나오면서 본 '고구려는 중국 한, 당나라 왕조 때부터 북동 지역에 번성한 인종적 소수민족이다'라는 글귀로 인해 마음이 답답하였다.

나는 환인 답사를 함으로써 고구려에 대해 많은 것을 알게 되었다. 그리고 통일 이후에 있을, 결코 간과할 수 없는 문제들을 생각해 보는 계기가 되었다. 그것은 나 개인의, 그리고 남한만의 문제가 아니라 북한, 그리고 간도에 있는 200만 조선족 동포 등 한민족 모두의 문제이다. 다시 말해 동북공정은 남·북한과 간도에 살고 있는 우리 겨레의 사활이 걸린 문제이다.

2시 15분, 박물관을 나와 집안으로 향했다. 버스가 지나갈 때 햇빛에 비친 오녀산성이 보였다. 저 산은 아사달에 이어 우리 한민족의 두 번째 발원지이다. 또한 고구려 후손인 우리 민족의 성지이자 올림푸스 산이다.

조금 더 가면 길림성이 나온다. 통화현에 접어들어 넓은 하천을 건너 작은 읍에 이르자 삼성 노래방이 보였다. 이곳 길림성 통화현에도 조선족이 많이 살고 있다고 한다. 버스는 적백송성 토성을 지나 노령산맥을 올라가 통구하 물줄기를 따라 내려갔다. 노령산맥에서 발원하는 위사하는 통구하에 합류하여 압록강으로 흘러간다.

집안 가이드의 설명에 의하면 길림성의 집안은 면적이 3,217㎢이고 인구는 약 23만 6천 명이다. 그중 한족이 20만, 조선족은 1만 5천 명이 살고 있다. 대륙성 계절풍 기후여서 봄, 여름, 가을, 겨울 사시절(사계절)이 뚜렷할 뿐만 아니라 임목자원(수림), 특산자원(인삼), 수력자원(운봉, 위원, 태평만 수력발전소 등), 광산자원이 풍부하다. 또한 집안에는 민요가 많고 예쁜 여자도 많다고 한다. 그녀는 '고구려에 대한 지식이 짧다'며 서 교수에게 마이크를 넘겼다.

서 교수의 말에 의하면 1962년 조·중 회담 때 저우언라이가 압록강 하구 마안도(비단 섬)를 달라고 하자 김일성은 대신 집안을 달라고 하였다고 한다. 그 이유는 고구려의 수도였던 집안에 고대 무덤군 75곳, 유물 출토지 100곳 등 많은 유적과 풍부한 자원이 있었기 때문이다. 그리고 운봉댐 건설 당시 수몰된 인근의 백산시는 100년간 고구려의 수도였던 동황성으로 추정된다.

5시 40분, 버스가 관마산성을 지났다. 관마산성은 산과 산 사이의 골짜기를 막은 고구려 산성으로 북쪽에서 국내성으로 가는 길목을 차단하는 역할을 하였다.

6시 30분, 오녀봉 국가 삼림공원에 있는 채석장 앞에 버스가 섰다. 채석장 표지석 뒤에 있는 험한 산에 네모 형태로 파진 돌들이 많았다. 그래서 이 산의 돌로 장군총을 만들었으며, 그 큰 돌들은 겨울 냇가에 얼음이 얼었을 때 운반했을 것이라 추정하였다. 이를 입증이라도 하는 듯 채석장 앞에 흐르는 하천에 커다란 돌들이 흩어져 있었다.

오녀봉 국가 삼림공원에서 한 시간 정도 쉰 다음 출발하였다. 왼쪽 철도 건너편에 삼실묘 등 고구려 무덤이 널려 있다고 하는데 날이 어두워 보이지 않았다.

8시 20분, 국내성 안에 있는 취원빈관 호텔에 도착하였다. 호텔에 체크인한 다음 압록강가에 있는 불고기집으로 갔다. 식사를 하면서 일행과 함께 맥주를 곁들였다. 9시가 넘자 나는 안동 김씨 집안이라고 하는 김국봉 가이드와 함께 앞에 있는 압록강으로 갔다.

▲ 고구려 채석장 터

나는 난간에 기대어 압록강(815.5km)을 바라보았다. 압록강은 최근에 내린 비로 물이 불어나 흙탕물이었다. 1962년 북한은 평양에서 중국과 '조 · 중 변계조약'이라는 비밀 조약을 맺어 '천지는 양쪽에서 나누고 압록강과(홍토수를 강원으로 하는) 두만강을 경계'로 하는 국경선을 확정하였다고 한다. 압록강에는 205개 섬이 있는데 그중 127개가 1962년 조 · 중 변계조약에 의해 조선의 것이 되었고, 천지 서쪽의 5호 비와 동북쪽 대각선으로 마주 보고 있는 6호 비가 직선으로 천지를 분할하는 국경선이 되었다. 이 경계선에 의하면 북한은 천지의 약 60%를 소유하고 있다. 그러나 통일된 한국 정부는 이를 승계하지 않는다는 영토에 관한 규정을 두어야 한다.

강 건너 북한 땅에서 불빛 하나가 빛났다. 앞에 보이는 북한의 섬 중심도는 뗏목이 쉬어가던 곳이었다. 압록강을 보자 문득 이해연의 노래 '뗏목 2천 리'가 생각났다. 들을 때마다 구슬픈 가락이 가슴을 미어지게 하던 노래였다. 압록강은 일제 강점기 때 나무가 수탈당하던 현장으로 슬픈 사연을 간직하고 있다. 어디 그뿐인가. 압록강은 위화도 회군이나 임진왜란, 병자호란, 그리고 한국동란 등 우리 민족의 아픈 역사를 모두 담고 있다.

압록강을 보며 나는 눈시울이 뜨거워졌다. 이 강 건너편이 평안북도 만포이다. 대륙을 호령하던 고구려 수도 국내성의 해자 역할을 했던 이 강이 언제 우리의 국경선이 되었더냐. 분단의 아픔도 아랑곳하지 않고 압록강은 말없이 흐른다. 압록강이 우리 겨레의 품에 다시 돌아올 날은 언제인가. 일제에 수탈당하던 민족의 아픔을 노래한 '뗏목 2천 리'는 다시 우리 겨레의 가슴에 한을 남긴다.

8월 7일

오늘 일정은 오전에 장군총, 태왕비, 태왕릉을 보고 오후에 박물관, 오회분묘, 환도산성, 산성하 무덤 떼와 국내성을 답사하는 것이다.

집안은 424년간 고구려의 수도였다. 그런데 중국은 유적 발굴을 이유로 올해 유네스코 등재 이전까지 외국인, 특히 한국인은 출입조차 못하게 하였다. 그래서인지 감회가 더욱 깊었다.

8시 10분에 출발한 버스는 국내성벽을 통과하였다. 나는 아파트를 보며 한족이 집안까지 침투하게 된 경위에 대해 생각해 보았다. 이 지역은 청나라 때 봉금지대여서 약 150년 전에는 사람이 살지 않았다. 그런데 19세기 중엽 산둥반도에 흉년이 들어 1877~1878년 한족이 이곳에 이주하였다고 한다.

버스가 동구 무덤 떼와 왼쪽 우산하 무덤 떼를 지났다. 기찻길을 건너 삼실묘와 오회분묘를 지났다. 호태왕비가 보이는 곳에서 버스가 좌회전할 때 왼쪽 가로수 사이로 장군총이 보였다.

장군총(장수왕릉)은 고구려의 대표적인 기단식 석실 적석총 무덤이다. 이 능은 집안시에서 동북쪽으로 4.5㎞ 떨어진 용산 기슭에 있다. 19세기 말 이곳으로 이주한 한족들이 큰 무덤을 보고 중국의 어느 장군 무덤인 줄 알고 장군총이라 이름 지었다고 한다. 그러나 실은 고구려의 장수왕릉이다.

8시 30분, 장군총 입구에서 내려 계단을 올라갔다. "아앗!" 나는 갑작스레 시야에 들어온 장군총을 보고 순간적으로 놀랐다. 큰 돌(화강암)을 쌓아 만든 장군총이 거대한 피라미드나 석탑처럼 보였다. 위용을 갖추고 평야에 우뚝 서 있는 그것은 바로 '동방의 금자탑'으로 조선시대에 황릉으로 불리던 무덤이었다.

장군총 남동쪽에 있는 작은 무덤은 첩(후궁)의 무덤이라고 한다. 처음에는 다섯 기였으나 지금은 하나만 남았다고 한다. 원래 장군총 형태였는데 훼손되어 기단의 돌들이 없어졌고 앞에는 입구의 문인 듯한 돌이 1개 있었다.

3층 석돌(배총)

'장군묘 1호 배묘(陪墓:부속무덤)는 장군묘 모서리에서 남동쪽에 위치한다.' 고조선의 묘는 신석기 시대의 토묘에서 청동기 시대에적석묘, 석관묘로 변하였다. 이 부속무덤(딸린무덤)은 고조선 유적(북

▶배총

방식 탁자 모양)과 비슷하여 버섯 혹은 고인돌 같은 느낌을 주었다. 부속무덤에서 나와 장군총으로 갔다. 장군총 동쪽에 큰 돌들이 직사각형 형태로 널려 있었는데 고구려인들이 제사 지내던 제단 터

▲장군총(장수왕릉)

라고 한다. 장군총은 1,100여 개의 화강암 장대석(직사각형 입방체)을 쌓아 만든 7층 정방형 계단식 석실묘이다. 맨 밑의 기단 돌 1개를 포함해 3계단이 1층을 이루어 모두의 22개의 돌 층으로 되어 있고 5층에 묘실(널방)이 있다. 장군총은 한 면의 길이가 31.58m, 높이는 13.1m, 밑면 면적이 960㎡, 지붕 면적은 270㎡이다.

나는 동쪽에 설치된 계단을 올라가 서쪽으로 난 무덤 입구에 들어섰다. 안에서는 카메라 촬영을 금지하고 있다. 석실은 한 변의 길이가 각각 5.5m이고 안에는 돌로 만든 두 개의 관 받침대가 있다. 왼쪽에 왕비를, 오른쪽에는 왕을 안치하였고 머리는 동쪽을 향했다고 한다. 그리고 기둥을 박았던 주춧돌과 연꽃무늬 돌기와가 봉분 위에서 발견된 것으로 보아 무덤 위에 건물이 있었음을 추정할 수 있다.

장군총에서 내려와 사방을 둘러보았는데 북쪽은 지반 때문인지 돌의 간격이 떨어져 있었다. 장군총 하단에는 무너지는 것을 방지하기 위해 거대한 돌(보호석)이 세워져 있었다. 하단부에 세운 거석(보호석 또는 받침돌) 1개의 무게는 15톤(10톤)으로 동쪽 3개, 서쪽 3개, 남쪽 3개, 북쪽에 2개가 있는데, 북쪽에 세운 돌은 1개가 깨졌다고 한다. 장군총 서쪽 가운데 세워져 있는 반반한 돌이 유난히 눈에 띄었다. 장군총은 배수시설이 잘 되어 있고 모서리에 구멍이 나 있다. 각 층마다 직사각형 돌 윗부분의 테두리를 남기고 가운데를 깎아 그 위에 돌을 쌓아 밀려나지 않게 하였다. 장군총 밑 하단부 1층 기단의 각 돌들은 어마어마하게 크다. 가장 큰 돌은 (팔을 벌려 재 보았더니) 하나의 길이가 약 5m가 넘었다. 그리고 돌 간격 사이는 자갈과 부드러운 흙으로 메워졌다.

김국봉 가이드가 북쪽에는 우산, 동쪽에는 룡산, 남쪽에는 압록강이 있다고 알려주었다. 장군총에서 서쪽을 보니 우측으로 우산 오회분과 고구려 귀족묘가 보였다. 또한 장군총(장수왕릉)에서 태

▲장군총(장수왕릉)에서

왕릉(19대 광개토 호태왕)과 국내성을 볼 수 있다고 한다.

나는 한 가지 의문이 생겼다. 장수왕은 427년에 수도를 국내성에서 평양으로 천도하고 안학궁을 지었다. 그런데 평양에 천도한 장수왕의 능이 어찌하여 여기 있는 것일까. 옛날에는 왕이 즉위하자마자 능을 만들었기 때문이라고 한다. 그러면 환인현 미창구에 있는 무덤과 평양시 지구에 있는 시조 동명왕릉이라는 진파리 10호 무덤은? 추모왕릉으로 추정되는 미창구 무덤은 환인현 용산 부근에 있는 것으로 능의 둘레가 150m이고 높이는 8m이다. 『삼국사기』에 추모왕을 용산에 모셨고 후대 왕이 홀본 시조묘에 가서 제사 지냈다고 한다. 이것이 동북공정을 반박하는 중요한 단서가 될 수 있을까.

9시 40분, 호태왕비에 도착하였다. 광개토 호태왕은 고구려 제

▲ 광개토 호태왕비

19대 왕으로 이름이 담덕(談德)이다. 그는 고구려 최초로 영락(永樂)이란 연호를 사용하였다. 버스에서 내려 호태왕비 안내문을 읽었다.

'호태왕비는 고구려 20대 장수왕이 414년 9월 29일(진의희 10년) 부왕인 19대 광개토 호태왕 재위 22년을 기리기 위해 세운 비이다. 각력암으로 만든 비석 4면에는 44행 1,775자(단재 신채호와 북한학자 박시형의 주장에 의하면 1,802자)가 쓰여 있다. 비의 내용은 3부분으로 1부 고구려의 약력(고구려의 王系)과 건립 경위, 2부 백제, 왜구, 후연, 거란(비려) 등을 정복한 광개토 호태왕의 영토확장 과정, 3부 대왕의 교령(왕릉 수호제도인 수묘인 330호)이다.'

나는 한글 안내문을 읽다가 한 가지 중요한 사실을 발견하였다. 위에서 보듯이 연도 기준이 영락 연호가 아닌 중국 진(晉)의희 기준으로 설명되어 있었다.

방탄 유리관을 씌운 호태왕비 앞으로 갔다. 호태왕비는 용비어천가에 처음 언급되었으며, 이수광은 『지봉유설』에 여진족이 세운 금나라의 시조비라고 잘못 기록하였다.

호태왕비는 신석기 시대의 거석문화에서 유래하였다. 비는 선돌(立石) 양식으로 중국 것과는 전혀 다르다. 이 비는 높이가 6.39m, 무게 37톤, 너비는 1.34~2m 사이이며 글자 1개의 크기는 9~10cm이다. 기년식(紀年式)으로 된 비문에는 주몽이 추모(鄒牟)왕으로, 졸본이 홀본(忽本)으로 나온다. 그리고 재위 22년 동안 호태왕이 64개 성과 1,400여 읍을 정복한 내용이 적혀 있다. 비문의 '국강상 광개토경 평안호태왕(國岡上 廣開土境 平安好太王)' 구절에 나오는 고구려의 태왕(太王)이란 황제에 버금가는 칭호이며 왕은 국동대혈에서 하늘에 제사를 지냈다고 한다.

호태왕비는 1877년 관월산이 처음 발견하였는데, 1883년 일본의 사코 가게야키가 이 비의 탁본을 떠가서 내용을 왜곡하여 임나일본부설을 주장하기도 했다.

그 근거는 396년 병신년 조에 기록된 '百殘新羅舊是屬民由來朝貢(백잔신라구시속민유래조공) 而倭以辛卯年來渡海破(이왜이신묘년래도해파) 百殘OO新羅以爲臣民(백잔OO신라이위신민) 以六年丙申(이육년병신) 王躬率水軍討伐殘國(왕궁솔수군토벌잔국)'인데 391년 신묘년 조의 '백제와 신라는 옛날부터 고구려의 속민이어서 조공을 바쳐 왔는데 왜가 신묘년에 바다를 건너와 백제, ○○, 그리고 신라를 쳐서 신민으로 삼았다'는 구절이다. 그런데 유리로 막았기 때문에 마멸된 부분과 내물왕 때 광개토 호태왕이 신라에 침입한 왜구를 격파한 경자년 조를 확인할 수 없었다.

하지만 이에 대해 '…신묘년 왜가 쳐들어오자(고구려가 와서) 왜를 쳐부수고 백제와 신라를 구원하여 이들을 모두 신민으로 삼았다'는 정인보의 해석이 더 설득력 있다. 그 이유는 이 비석을 세운 주체가 고구려인이고 그 이후 신라는 고구려에 왕자 실성을 볼모로 보냈기 때문이다.

일행은 비문 앞에서 조선족 가이드의 통역으로 중국 여자 안내

▲ 광개토 호태왕비

▲ 광개토 호태왕릉과 제단 터

원의 설명을 들었다.

'고구려 19대 호태왕비는 장수왕이 아버지의 공적을 기리기 위해 세운 비이다. 이 비문의 한문자는 예서체로 모두 1,775자이며 현재 1,590자가 판독이 가능하다. 비문의 세 가지 내용은 고구려의 기원과 건국신화, 호태왕의 군사활동(호태왕 시기는 정치, 경제가 아주 좋았다), 수묘인 연호제도(왕릉 수호제도) 300호 등 모두 330호이다. 이 비석은 기초 돌 없이 지면에 세웠다. 비문에 금이 가 있는 것은 이 지역 사람들이 ㅇㅇ할 때 생겼다.'

그런데 서 교수가 추모 왕에 대해 묻자 중국 여자 안내원은 추모를 '주몽'이라고 발음하였다. 나는 중국인 안내원의 설명을 들으며 가슴이 답답해졌다.

'이제 우리는 영토뿐 아니라 역사마저 잃어가는구나….'

10시 15분에 광개토 호태왕릉으로 이동하였다. 5분 뒤 큰 조각

▲ 광개토 호태왕릉 입구

돌들이 흩어져 있는 제단 터에 이르렀다. 제단 터에서 호태왕릉, 호태왕비, 장수왕릉이 거의 일직선상으로 보였다. 중국 정부가 태왕릉 주위에 들어섰던 민가 400호를 최근에 철거하여 주변은 들판과 복숭아밭이었다.

태왕릉은 정방형 3층 기단 위에 작은 돌들을 쌓아 만든 적석분이다. 한 면의 길이가 66m, 높이 14.8m, 면적이 4,356㎡이다. 태왕릉은 당나라의 수도 장안(시안)에 있는 황제의 능 못지않다. 그런데 봉분이 무너져 내려 마치 하나의 산 같았다. 무덤 하단에 세워놓은 보호석은 원래 20개였으나 지금은 동쪽 4개, 남쪽 5개, 서쪽 입구 밑에 넓적한 것 1개 등 13개가 남아 있다.

고구려 고분은 합장묘이므로 출입구만 찾으면 도굴이 가능하다. 이 때문에 무덤의 주인을 알 수 없는데 이것을 호태왕릉으로 보는 근거는 호태왕 시절에는 완전한 형태로 돌을 쌓을 수 없었다. 그러나 장수왕 때는 기술이 발달하여 정교하게 만들 수 있었다. 또한 2003년 5월, 무덤 위에서 '신묘년 호태왕 무조령 구십육(辛卯年 好太王 巫造鈴 九十六)'이란 명문이 있는 청동방울과 '원 태왕릉 안여산 고여악(願 太王陵 安如山 固如岳)'이라 명문을 새긴 벽돌 발견, 그리고 최근에 제단 터의 발굴로 호태왕비가 있었던 동쪽이 앞이었음

▲ 광개토 호태왕릉 내부

이 밝혀졌고 호태왕비가 장군총과 약 2km 이상 떨어져 있는데 반해 호태왕릉에 더 가까이 (373m) 있기 때문이다.

일행은 호태왕릉 북쪽에 설치된 계단을 올라갔다. 서 교수가 기와 조각을 주워 설명해 주었다. 기와 조각은 태왕릉 봉분 위에도 건축물이 설치되어 있었음을 말해준다.

서쪽으로 난 8층 석실 입구에 이르렀다. 석실 안에는 대리석 같은 돌로 만든 관 받침대 2개가 있었고, 천장은 삼각형 공간으로 되어 있다. 유리로 입구를 막아 안에 들어갈 수 없지만 사진촬영은 가능했다.

장수왕릉과 태왕릉은 무덤 위에서 발견된 깨진 기왓장들과 무너져 내린 봉분 등 앙코르와트처럼 한국 고대사의 신비를 그대로 간직하고 있다. 누수 방지용이란 추측도 있지만 청동방울 출토와 제단 터의 발굴로 인해 봉분 위에 있던 건물의 용도가 불가사의 해졌다. 그 비밀이 밝혀지지 않는 것은 발해 멸망 이후 우리가 1,100여 년 동안 잃어버렸던 영토에 무관심했기 때문일까. 태왕릉 앞에서 부끄러움을 느꼈다.

11시 10분, 우산 오회분 5호 묘로 이동하였다. 과원로를 지나서 버스에서 내렸다. 나는 전시관에 들어가서 『건축문화』 책자를 산 다음 TV화면으로 4호 묘 벽화를 보았다.

고구려 무덤은 초기에 적석분이었다가 후기에 벽화가 그려진 봉분묘로 변한다. 4호 무덤의 네 벽에는 북현무, 남주작, 좌청룡, 우백호 등 사신도가 그려져 있다. 삼각형의 천장에는 학을 타고 나는 신선, 봉황을 타고 횡적(옆으로 부는 피리)을 불며 승천하는 신선도, 또는 비천도가 그려져 있다. 또한 사람 얼굴에 뱀의 몸을 한 여자가 달을, 남자가 해를 들고 있는 일월신과 삼족오(三足烏 , 다리가 3개 달린 까마귀로 고조선의 8세 단군 우서한 때 대궐로 날아옴)가 그려져 있다. 마지막으로 곰의 그림이 그려진 장천 1호분의 전실 북벽화 등을 보고 전시관에서 나왔다.

과원로에는 오회분묘(다섯 투구무덤)가 있다. 이 다섯 무덤은 늘어선 순서대로 1~5호라 이름 지었다. 이 묘들은 그 크기나 내용이 모두 비슷하다. 그중 가장 크고 사신도 벽화가 있는 묘가 5호 묘이다. 4호 묘는 사신도, 삼족오와 일월신 등 벽화가 거의 완벽하게 남아 있다. 무덤 안에는 폐쇄회로 모니터를 설치해 놓은 다음, 습기가 차는 것을 막기 위해 입구를 길게 하여 다른 곳에 문을 만들어 놓았다. 그러나 화면을 자세히 들여다보면 벽화에 이슬이 맺혀 있는 것을 확인할 수 있다. 옆에 있는 사신묘(YM 2113호 고구려 귀족묘)는 5세기에 축조된 무덤으로 길이 25m, 높이가 8m이다. 이 무덤은 내부가 모두 파괴되어 아무것도 없다고 한다. 고구려 고분벽화는 일본의 다카마스 벽화에 영향을 주었다.

건너편에 있는 무덤은 우산 2112호 분(중국에서 문자명왕릉으로 추정)인데 5세기 것으로 추정된다. 이 무덤은 발해묘에서처럼 돌들이 불에 탄 흔적이 있고 봉분 위에서 기왓장이 발견되었다. 그 서쪽에 있는 우산 2110호 묘는 왕릉, 즉 태왕릉급 무덤으로 제단이 발견되었다고 한다. 일제 때 이 묘에 비석을 세워놓았다.

오회분묘에서 나왔다. 이 지역 미센현에는 천추묘(가장 큰 무덤으로 고국양왕 무덤 추정)와 서대묘(미천왕릉 추정), 마선 2100호 무덤, 칠성산 211호 무덤, 임강묘 등 왕릉과 귀족 무덤인 각저총(씨름무덤), 무용총(수렵도와 점무늬 옷을 입은 여인들이 춤추는 벽화), 산연화 무덤, 모두루묘, 왕자묘(王字墓), 배문묘 등 1천여 기의 묘가 있다. 나는 차후에 집안 지역에 흩어져 있는 왕릉 19기(등록된 것은 12개)를 답사한다면 고구려사 연구에 큰 도움이 되리라 생각하였다.

오후 일정은 박물관과 환도산성, 산성하 고분군, 국내성, 그리고 압록강이다. 1시 40분에 출발하여 5분 뒤 지안시 박물관(1958년 개관)에 도착하였다. 박물관 입구에서 호태왕비 탁본 사진과 중국 왕조 중심으로 적어놓은 고구려 연대표를 보고 들어갔다. 안에서는 사진촬영을 금하였다.

우리 일행은 먼저 쇠칼, 낫, 쟁기, 청동솥, 쇠망치, 돌 절굿공이와 돌절구, 쇠 낚싯바늘 등 고구려 건국 이전의 생활용품들을 보았다. 그 다음으로 감꽃 모양의 처마기와, 회색과 황색 와당 5개, 무늬 새긴 벽돌, 그리고 얇고 납작한 벽돌과 두꺼운 벽돌들을 보았는데 모두 태왕릉에서 출토되었다.

처마기와라고 쓰인 곳에 있는 단추 모양의 와당, '태왕릉'의 명문이 있는 청동방울, 관정(관을 박았던 못), 금박 입힌 청동 갈고리(커튼을 못 박았던 것)도 모두 태왕릉에서 출토되었다. 철관배, 팔찌 같은 것, 사람 모양의 쇠바퀴 멈추개 3개, 장천 4호 묘에서 출토된 부뚜막, 그리고 토기들을 보고 중청에서 나왔다.

다음에 칼 3개, 쇠창 3개, 금박 입힌 화살촉, 투구 조각, 금박 입힌 말안장, 쇠 말안장 등을 보았다. 청동기 유물들을 전시한 곳에는 솥, 세발 달린 솥, 구리로 만든 가마, 구리로 만든 동인장과 흙으로 만든 인장 2개, 도자기 벼루와 잉크박스(Inkbox), 그리고 동전들이 3개 또는 5개씩 전시되어 있었다.

삽 모양과 칼 모양의 화폐(명도전)는 이 화폐가 정말 여기서 출토된 것인가 하는 놀라움을 갖게 하였다. 이 명도전은 연나라에서 유통하던 청동 화폐로 알려져 있다. 그런데 이것이 여기서 발견됐다면 큰 의미를 갖는다.

명도전은 각처에서 한꺼번에 엄청난 분량의 양이 출토되었다. 따라서 짧은 역사의 연나라보다는 2천 년 역사를 가진 고조선의 화폐일 가능성이 크며 화폐의 출토지가 연나라 영역보다 넓은 한반도 북부까지이고 고조선 영토와 일치하기 때문이다. 또한 명도전 뒷면에 새겨진 글자는 연나라 문자와 다른 고조선 문자로 쓰였다. 이것은 이곳이 고조선의 영토로 고구려가 고조선 땅에서 건국했음을 확인해 주는 동시에 명도전이 고조선의 화폐라는 설을 입증해 준다.

금으로 만든 머리핀, 금반지, 금바늘과 금실은 105호 무덤에서 출토되었는데 그 세밀함과 정교함은 신라의 금속공예 기술을 능가한다. 전시관에서 금벨트 장식물과 펜던트가 달린 금귀고리, 금귀고리를 본 후 밖으로 나와 환도산성 궁전 터에서 출토된 절구와 주춧돌 등을 보았다.

버스로 이동하여 3시에 환도산성에 도착하였다. 산성 입구 안내문은 일본어, 한국어로 쓰여 있는데 이는 일본인 관광객이 이곳을 많이 찾는다는 것을 단적으로 보여주고 있다. 실제로 올해 일본인 1천여 명이 이곳에 다녀갔다고 한다. 나는 오자투성이인 한글 안내문을 보고 눈살을 찌푸렸다.

'환도산성은 초기 이름이 위나암 성으로 서기 3년에 지어졌다. 서기 197년에 산상왕이 왕도로 정하여 환도산성이라 명하고 궁전을 세웠다. 산상왕 13년(209년)에는 공손강이 쳐들어와 국내성이 불타버려 이곳에 천도하기도 하였다. 환도산성은 동천왕이 서안평을 공격하였다가 위나라 유주자사 관구검에게 침략당했고(244년), 고국원왕 12년(342년)에는 후연의 모용황에게 함락당하여 궁전이 불태워지는 등 주요 건물이 파괴되었던 슬픈 역사를 갖고 있다.'

고구려성은 평상시에 도시 기능을 하는 평지성과 전쟁 시 방어를 위한 산성이라는 이중구조로 되어 있다. 그 대표적인 예가 국내성과 환도산성으로 환도산성은 국내성에서 서북쪽으로 2.5㎞ 정도 떨어져 있다. 고구려 평양성도 안학궁과 대성산성의 이중 구조로 지어졌다. 쉽게 말하면 조선의 경복궁과 북한산성, 남한산성인데 이는 고구려의 영향을 받은 것이다.

▲ 환도산성 배수구

환도산성은 동 1,716m, 서 2,440m, 남 1,786m, 북 1,009m로 총길이가 6,951m이고 면적은 2.905㎢(약 8만8천평)이다.

당시 산성 안에 샘물 2개와 저수지가 있

었다고 한다. 지금은 6개의 문 터와 장대, 막사 터, 묘지 38좌, 그리고 남북 95.5m, 동서 86.5m, 면적 8,000m²(약 2,400평) 규모의 궁궐터가 남아 있다. 먼저 남 옹문으로 올라가서 영어 안내문을 읽었다.

'남 옹문은 환도산성에 이르는 중요한 통로였다. 성벽 윗부분은 너비 8.7~11m, 높이는 6.8m이다. 문 통로는 너비가 10m이다.'

고구려성은 겉쌓기를 함과 동시에 안쪽에 마름모 형태의 긴 돌로 속쌓기를 하였다. 이 때문에 겉쌓기를 한 곳이 떨어져 나가도 내부가 견고하여 성벽이 남아 있다. 그런데 개울 오른쪽의 남 옹문 동쪽 성벽에 있는 배수구를 확인할 때 남문의 겉쌓기를 한 돌이 없어진 것이 이상해서 주위를 살펴보았다. 주위에 무너져 내린 돌의 흔적은 없었다. 이것은 이곳에 사는 주민들이 돌을 빼내어 갔음을 말해준다.

작은 산에 오르자 군 막사 터가 나왔다. 막사 터 앞에 돌로 쌓은 축대는 보초들이 평상시 경계근무를 서며 지키던 망루(장대)였다. 장수가 지휘하는 장대(점장대)는 사방을 한눈에 내려다볼 수 있는 곳에 위치한다. 여기에서 황토색 기와 조각이 발견되는 것으로 보아 장대 위에 건물이 있었음을 알 수 있다.

나는 장대에서 안내문을 읽었다.

▲ 환도산성 장대

▲ 환도산성 막사 터

'장대(Watch platform)는 환도산성 안에 세워진 높은 단으로 사람들을 방어하는 군사적 목적으로 사용되었다. 동서 길이가 16.7m, 남북 너비가 11.4m, 높이가 5.5m이다.'

장대 북쪽의 편평한 곳은 고구려 군사들이 주둔했던 막사 터이다. 나무들 사이에 몇 미터 간격으로 구들들이 3열로 줄지어 배치되어 있었다. 나는 다시 안내문을 읽었다.

'고고학적 분석에 의하면 이 장소는 장대를 지키던 보초들이 주둔했던 막사로 믿어진다. 그 장소(위치)는 장대에서 북쪽으로 15m 떨어진 편평한 경사면이다. 건물의 토대는 남북 길이 26m, 동서 12m로 직사각형 모양이었다.'

장대에 올라가서 환도산성 궁전 터를 바라보았다. 장대 동북쪽에 있는 밭이 환도산성 궁전 터이다. 244년 관구검이 침입하여 환도산성을 함락시키자 동천왕은 남옥저로 피신하고 고구려는 유

▲ 산성하 고분군

▲ 환도산성 궁전 터

유의 결사적인 항쟁으로 나라를 지켜냈다. 허름한 집 한 채 있는 밭이 궁전 터라니. 흔적조차 찾을 수 없는 고구려 궁전 터에서 세월의 무상함이 느껴졌다.

환도산성에서 내려와 산성하 고분군으로 향했다. 고구려 유적 가운데 가장 경이로운 것이 집안시 32개 지역에 분포하는 12,358기의 고분군이다. 지금은 많이 소실돼 1997년 조사 때는 6,854기가 남았다고 한다. 산성하에 있던 무덤도 처음에 1,500기가 넘었는데 지금은 많이 훼손되어 없어지고 37기만 남아 있다.

산성하 고분 길을 걸으며 무덤들을 보았다. 조금 뒤 몽당연필 모양의 팔각형 돌비석이 세워진 흙무덤이 나왔다. 나는 중국어와 영어로 쓰인 안내문을 읽었다.

'이 무덤은 길이 13.6m, 높이 4m로 5세기 말 화강암을 쌓아 만든 것이다. 거북 잔등이 무덤(龜甲墓 : Tortoise shell tomb)은 길이 18m, 높이 5m로 5세기 말에 축조하였다. 꺾인 천정무덤은 길이 20.3m, 높이 6m로 5세기 초에 세운 고구려 귀족묘이다.'

다음에 본 무덤은 백제 석촌동 초기 고분과 비슷하였다.

'형총(兄塚 : Elder brother's tomb)은 고구려 귀족의 무덤으로 인근의 유사한 고대 무덤과 비교하여 이름 붙여졌다. 이 돌 무덤은 길이 20m, 높이 6m이고 정사각형 모양의 계단식 제단으로 쌓았다. 계단식 제단은 다섯 평면으로 그 꼭대기에 무덤방이 있고 시기는 5세기까지 거슬러 올라간다.'

무덤을 유심히 보다가 나는 중국의 엉터리 연대 고증에 의문을 가졌다. 그래서 메모하느라 중학교 국사 교사 백유선 씨와 함께 뒤에 처졌다.

'아우총(弟塚)은 고구려 귀족 무덤으로 유사한 인근 무덤과 비교하여 이름 붙여졌다. 이것은 측면 길이 20m, 높이 5m로 무덤방이 있는 정사각형 계단식 무덤이다. 계단식 제단은 다섯 평면이

다. 무덤방은….'

앞선 일행들이 빨리 오라고 하여 5세기만 확인하고 뛰어갔다. 이 때문에 고구려 여인의 벽화 그림이 있다는 미인무덤은 보지 못하였다.

4시 50분에 출발하여 20분 뒤 국내성에 내렸다. 서기 3년 10월, 유리왕은 수도를 홀본에서 집안(압록강 중류 지방의 국내성)으로 옮겼다. 이후 국내성은 424년 동안 고구려의 수도로서 정치, 경제, 문화의 중심지가 되었다.

국내성은 직사각형 모양으로 동벽 554.7m, 서벽 664.6m, 남벽 751.5m, 북벽 715.2m이고 둘레가 2,686m, 면적이 0.447㎢(약 1만 3천 평)이다. 성벽은 잘 다듬은 방추형 돌을 옆으로 쌓아 축조하였고 너비는 7~10m이다. 문은 동서에 2개씩, 남북에 하나씩 모두 6개의 성문을 만들었는데 성문은 어긋문(옹성)으로 되어 있다. 국내성 동쪽과 북쪽에는 폭 10m의 해자를 두었고 서쪽에는 통구하가, 남쪽에는 압록강이 흘러 자연 해자를 형성하고 있다.

국내성은 서, 북벽만 남아 있고, 동, 남벽은 없어졌다. 원래 높이가 5~6m였던 북벽은 현재 2~3m 정도이고 성문과 치는 흔적만 보인다. 궁전 터에는 2002년에 아파트가 들어섰다. 왕궁 터 자리에 빽빽하게 들어선 아파트 건물들이 내 가슴을 짓누르는 것만 같았다. 북벽을 따라 서쪽으로 걸어가는 내내 마음이 착잡했다. 성벽과 궁성 터 등 고구려 유적은 한족에 의해 무참히 파괴되었다.

국내성 서쪽 벌판에는 300호의 민가가 들어서 있었는데 이것을 중국 정부가 철거하고 6개월 만에 정비하였다고 한다. 이번만

▲ 국내성의 치

큼은 사회주의 국가의 고마움을 느꼈다. 이러한 일은 한국에서는 전혀 불가능한 일이다. 문화유적보다는 돈이라는 천박한 이기심 때문에 아우성 쳤을 것이다. 고구려 추모왕의 셋째 아들 온조가 세운 백제 위례성인 몽촌토성과 풍납토성에 예정된 아파트 공사가 철회된다고 하자 난리쳤던 모습을 보면 알 수 있다.

북벽이 끝나고 좌측으로 돌아서 남쪽으로 걸어갔다. 서벽 도로 옆에는 압록강 지류인 통구하가 유유히 흐른다. 성벽은 최근에 일부 보수하였다고 한다. 통구하 옆 도로를 따라 걸어갈 때 보이는 낮은 성벽은 점점 높아져 갔다. 국내성은 고구려 석공들이 정교하게 다듬은 돌들을 축조하여 만들었다. 나는 옥수수 알 모양의 돌들을 가지런히 쌓아 만든 성벽을 보고 감탄하였다.

길가에 늘어선 가로수가 가지들을 다소곳이 아래로 드리우고 있다. 가로수 사이로 새로 발굴한 국내성의 치와 배수로가 보였

▲ 국내성 서벽

다. 남쪽으로 갈수록 성벽이 높아지면서 국내성은 한층 아름다움을 더해 갔다.

나는 성큼성큼 걷다가 걸음을 멈추고 성벽을 바라보았다. 그리고 이 고대 도시의 마지막 남은 잔영 속에서 고구려인의 미를 찾았다. 성벽을 보며 옛 정취 어린 돌담 벽에서 마음속으로 고인과 무언의 대화를 나누었다. 그리고 이끼 낀 오래된 성벽에서 고구려인의 멋과 예술을 발견하고 다시 탄성을 내질렀다. 국내성 벽

▲ 압록강

은 고구려인들의 슬기와 지혜로 축조된 하나의 예술 작품이었다. 그러나 남벽에 이르러 성벽을 허물고 그 자리에 지은 민가를 보고는 한숨을 짓고 말았다.

버스를 타고 2~3㎞ 정도 가자 압록강이 나왔다. 일행은 어젯밤에 보았던 벌등도(筏登島, 가이드 말로는 中心島)를 배경으로 사진을 찍고 나왔다.

저녁식사 후 7시에 버스를 탔다. 새로운 숙제와 무거운 짐을 안겨준 집안을 떠나면서 나는 내가 해야 할 의무와 책임을 느끼고 마음이 편치 않았다. 하지만 실크로드 지역의 신장과 티베트 등 소수민족의 문제를 하나씩 풀어나갈 것이다.

통화 역에 도착하여 10시 20분 백하행 기차를 탔다. 기차에 타자마자 나는 4인용 침대칸에서 곧 잠이 들었다.

8월 8일

새벽에 백하 역에 도착하였다. 5시 40분, 연변 가이드의 인솔하에 버스를 탔다. 고려식당에서 아침식사를 한 후 가마치(우리말로 누룽지)를 먹고 다시 차에 올랐다.

가이드가 마이크를 들더니 시골에 가면 시골 풍속을 따르라며 일정을 이야기해 주었다. 오늘 일정은 백두산 천지로, 오전에 장백폭포와 천지 등정을 하고 오후에는 지프를 타고 천문봉에 올라가서 다시 천지를 조망하는 것이라고 했다.

백두산은 우리 민족의 조종의 산으로 『고려사』에는 '959년 광종 10년, 압록강 밖의 여진족을 쫓아내어 백두산 바깥쪽에 살게 하였다'는 기록이 나온다. 여기에서 보듯이 백두산은 한민족과 여진족이 우러르고 숭배해 온 성산이었다.

백두산은 청나라의 발상지이자 성지였다. 그래서 1658년 황제가 봉금령을 내려 간도 지역을 봉금지대로 정하고 1년에 한 번씩 백두산에 와서 제사를 지냈다. 백두산 동쪽에 있는 천녀 욕궁지는 호수 둘레가 1.2㎞, 지름이 약 180m 되는 원 모양의 호수이다. 이 위안츠[圓池]에서 만주족의 선조 누르하치가 태어났다는 전설이 있어 청나라의 발상지로 보호되고 있다.

백두산은 최고봉인 장군봉(2,749.2m), 백운봉(2,691m) 등 16개의 봉우리로 이루어져 있다. 해발 1,700~2,000m 사이는 자작나무 숲인 악화림대이고 2,000m 이상에는 나무가 자라지 않는다. 날씨는 365일 중 275일이 흐리다. 백두산은 1986년 국가 자연보호구로 지정되어 연변 조선족 자치주에서 관할해 오고 있다.

백두산은 6억 년 전에는 망망대해였는데 그 후 지반이 솟아올라 휴면 화산이 되었다. 지반은 화산암의 일종인 부석으로 이루어져 있어 멀리서 보면 흰 산으로 보인다.

백두산은 1597년, 1668년, 1702년 등 3차례에 걸쳐 화산이 폭발하였다. 이때 순상화산의 함몰에 의해 칼데라(Caldera) 호가 생겼다. 천지(해발 2,257m)는 남북 길이 4.9㎞, 호수 둘레 14.4㎞, 면적 9.165㎢ 이고 가장 깊은 곳은 수심이 384m이다. 천지의 물은 달문에서 나와 승사하가 되어 장백폭포를 이룬다. 최근 백두산은 화구호 주변에서 화산 분기공이 관찰되고 지하의 뜨거운 온천수가 용출되는 등 화산 활동의 조짐이 증가하고 있다.

산 정상에는 산림경찰이 지키고 있어 태극기를 꽂을 수 없다. 중국 측에서는 우리가 백두산에 와서 이 산이 우리 땅임을 주장

▲ 장백폭포

하여 그들을 자극했다고 말한다. 하지만 그 이전에 중국은 발해사를 연구해 왜곡하였고 산둥(山東)대 쉬더위안 교수는 1998년 정계비를 압록강, 두만강이 다 보이는 소백산에 세웠는데 조선인이 몰래 지금의 위치로 옮기고 돌과 흙더미로 축조했다고 주장한다.

1712년 5월 15일, 강희제의 명령으로 조선의 접반사 박권과 청나라의 오라총관 목극등이 만나 백두산에 올라갔다. 그런데 목극등은 박권과 함경도 관찰사 이선부가 늙었다며 대신 역관 김응헌과 김경문, 접반사 군관 이의복을 데리고 백두산에 올라갔다. 그들은 송화강과 압록강의 분수령에 정계비를 세우고 물길이 불분

명한 곳에 돌과 흙으로 담을 쌓았다. 조 · 청 경계를 정한 다음 동행한 청의 화가가 지도를 그렸다.

그가 조선과 청에 제출한 지도를 보면 정계비가 세워진 송화강 지류인 토문강(오도백하 상류인 흑석하)은 두만강이 발원하는 백두산의 대각봉보다 북쪽에 표기되어 있다. 즉, 정계비에서 토문강은 2리인데 두만강 발원지인 소백산과는 100리나 떨어져 있고 정상기의 '동국지도'에도 토문강과 두만강이 다르게 표기되어 있다.

또한 1909년 통감부가 발행한 지도에도 오도백하가 토문강이라고 표기되어 있다. 그리고 『요동지』에 의하면 토문강은 송화강으로 흘러든다고 했으며, 조선의 자료에도 토문강은 두만강 북쪽에 있다고 쓰여 있다. 따라서 이 정계비에 의하면 우리 영토는 간도 및 연해주까지 포함된다. 그런데 정계비는 1931년 만주사변 때 일제에 의해 사라졌다. 지금은 백두산 서쪽에서 두만강 발원지까지 21개의 국경 표지석이 설치되어 있다.

백두산 아래 첫 동네 이도백하에 도착하였다. 8시 10분 장백산 온천 별장에 도착하여 짐을 내려놓고 장백산 입구에 갔다. 장백산 매표소에서 중국 여자들이 한복을 빌려 입고 사진 찍는 모습을 보았는데 이것은 백두산이 조선족, 다시 말해 한민족의 성산으로 인식되고 있음을 뜻하는 것이리라.

9시에 출발하여 악화나무(자작나무) 숲길을 걸어 올라갔다. 15분 뒤 장백폭포에 도착하였다. 장백폭포(북한에서는 비룡폭포라 부름)는 낙차가 68m이고 물웅덩이 깊이가 12m이다. 마치 하늘에 큰 구멍이 뚫려 물이 쏟아지는 것 같았다. 폭포의 거대한 물줄기 옆으로는 흰 안개가 드리우고 그 아래에 노상 온천이 있다. 이 온천은 항상 83도를 유지하여 계란을 넣으면 반숙이 된다.

9시 40분, 폭포 앞 초소에서 계단을 올라갔다. 30분 뒤 921개 계단을 모두 통과하였는데 여기서 달문까지는 직선거리 1km이다. 그런데 달문 아래(승사하)에 이르렀을 때 비가 쏟아지기 시작했다. 우비를 입고 승사하를 따라 천지 쪽으로 걸어가자 비바람이 몰아치고 천둥이 쳤다. 바람이 거세어 날아갈 것만 같았다. 그때

▲ 승사하

비를 맞으며 떨고 있는 아이를 발견하여 함께 우비를 걸치고 걸어갔다.

어느덧 천지에 이르렀다. 천지의 수면 위로 비가 억수로 쏟아져 내렸다. 비가 퍼붓고 바람이 몰아쳐 수면에 하얀 물안개가 일었다. 바다 같은 수면 위에 이는 하얀 물안개가 천지 한가운데 쪽으로 몰려갔다. 넓은 천지는 몇 십 미터 앞밖에 보이지 않았다. 마치 괴물이라도 나타날 것 같은 음산한 분위기였다. 천둥이 한 번 치자 그 소리가 길게 울려 메아리쳤다. 가느다란 음이 허공을 향해 퍼져나가 천지 안에서 울렸다. 내가 하늘 세계에 가까이 있어서일까, 조종의 산 백두산에서 신령스러움이 느껴졌다.

기원전 2333년 단군왕검이 나라를 세운 곳이 바로 북한 지역의 천 리 천 평이라 했던 육당 최남선의 말이 생각났다. 우리 겨레는 요하에서 백두산의 남북 땅에 이르는 곳에 자리 잡아 삶의 터전

▲ 폭풍우 이는 천지

을 이룩하였고 백두산 정기를 이어받아 배달민족이 되었다. 그러나 선조들의 기상이 서려 있는 백두산 천지는 폭풍우로 인해 그야말로 하늘과 땅이 보이지 않는 혼돈의 세계였다.

나는 천지의 괴물상 우측으로 올라가 절벽 위에 섰다. 날씨가 맑으리라던 기대와 달리 비가 심하게 퍼붓자 마음이 초조해졌다. 그때 심한 비바람이 몰아쳐 나는 하마터면 절벽 아래 천지 수면으로 날아갈 뻔했다. 아찔한 순간이었다. 영국 시인 존 던의 말처럼 자연은 인간에게 위대한 존재이고 인간은 자연의 한 부분에 불과하였다.

나는 비를 맞으며 백두산 천지에 서 있었다. 찢어진 우비 속으로 비가 스며들어와 옷과 구두가 다 젖었다. 게다가 매서운 바람이 몸 안으로 파고들어 살을 에는 듯했다. 그러나 그 와중에도 카메라와 수첩이 빗물에 젖지 않도록 품 안에 감싸 안았다. 그때 다시 천둥이 크게 세 번 강타하였다. 곧이어 대포 쏘는 듯한 천둥소리가 들렸다. 그 소리는 마치 전쟁의 포성을 방불케 했다.

나는 온 천하를 요란하게 울리는 천둥소리를 듣고 깜짝 놀랐다. 천지가 진동하고 지각이 무너진다는 것은 바로 이를 두고 한 말이리라. 그것은 마치 백두산 천지에 오르자 하늘이 진노하여 '한심한 것들 이제야 깨닫느냐' 하고 꾸짖는 것 같았다. 하늘이 우리 민족에게 시련과 벌을 주시는 걸까. 천둥은 바로 하늘의 음성이었다.

아, 하느님이 진노하사 우리에게 분노를 터뜨린다. 백두산 정기 어린 민족이 영토를 빼앗긴 것만으로 부족해 역사마저 한족에게 빼앗긴 것에 대해 호통을 치신다. 천둥은 하늘이 노하여 꾸짖

▲ 천지의 기상변화

는 호통이고, 추위와 비바람은 우리에게 내리시는 벌이다.

우리 민족은 온갖 시련을 딛고 이어온 배달민족의 자손이다. 그래서 나는 그 시련과 벌을 달게 받으려고 휘몰아치는 폭풍우를 맞으며 우비 하나에 의존한 채 서 있었다. 비가 그치기를 기다리며 한동안 추위와 고통을 참았다. 바람이 어찌나 거센지 우비마저 찢겨나갔다. 차갑던 손도 언 듯 덜덜 떨렸다. 그래서 몸을 녹이려고 막사 옆에 가서 커피 한 잔을 사서 마셨다.

잠시 후 비가 약해지고 구름이 걷히는 듯했다. 동쪽 하늘이 밝아오자 나는 사진을 찍으러 서울시 청계천 복원 담당관, 백유선 씨와 함께 다시 천지에 올라갔다. 안개 걷힌 천지는 마치 하늘이 신비로운 계시를 내리는 것 같았다. 나는 갑자기 정신이 몽롱해지고 혼미스러웠다. 그러나 이내 다시 정신을 가다듬고 고개를 들었다. 천지 한쪽이 하얗게 밝아오면서 백두산 봉우리가 서서히

▲ 천지의 깎아지른 절벽

그 모습을 드러냈다.

구름이 걷히고 백두산 천지 위에 깎아지른 듯한 봉우리들의 일부가 드러났다. 나는 시야에 홀연히 나타난 대 장관에 놀라 순간 멈칫했다. 갑작스런 천지의 기상 변화에서 어떤 상서로운 기운을 감지하였다. 그리고 우리 민족의 정기가 서려 있는 천지에서 받은 강렬한 흥분과 감격으로 정신이 황홀해져 몸 둘 바를 모를 지경이었다.

아, 태초에 하늘이 처음 열리는 것처럼 땅과 호수가 생기고 하느님이 자연을 창조하신다. 비, 구름, 바람에 의해 신비로운 현상이 일어나는 이 순간 나는 천지개벽이랄까, 아니 배달겨레(고조선과 고구려)의 혼을 보는 듯한 감격에 겨웠다. 그리고 환웅이 천부인 즉 비, 구름, 바람을 거느리고 내려와 인간세계를 다스렸다는 홍익

인간 이념을 깨달았다.

그런데 그쳤던 비가 다시 내리쳤다. 맑고 고요한 천지보다는 폭풍우 몰아치는 천지가 더 극적이었다. 천둥이 한 번 치자 소리가 울려 길게 메아리쳤다. 그때마다 맑고 가벼운 소리가 여운을 남겼다. 신비롭고 기이했는데 그것은 마치 천둥소리가 어떤 물체에 부딪혀 울리는 것 같았다. 이는 대기 속의 전류가 방전되어 파열된 음이 퍼져나가 천지를 둘러싼 산봉우리에 부딪혀 나는 소리의 공명현상이다. 천둥이 치면 그 소리가 그릇 모양의 백두산 천지 안에 모여 여러 곳에서 울린다. 이를 듣고 우리가 신비로운 느낌을 받는 것이다. 사방에서 울려오는 입체 음향이 참으로 신령스러워 말로 표현하기 어려웠다.

좀 전에 비바람이 몰아치고 천둥이 칠 때는 하늘이 노한 것 같았는데 지금은 언제 그랬냐는 듯 추위가 가시고 따뜻한 온기마저 느껴졌다. 나는 기묘하고 변화무쌍한 천지의 날씨를 체험하고 11시 20분경에 하산하였다.

식사 후 서길수 교수가 동북공정에 대해 MBC 아나운서와 통화하였다. 통화가 끝난 다음 그의 이야기를 들었는데 그 문제점을 밝혀본다.

중국이 20년간 우리 역사를 어떻게 왜곡해 왔는가. 그들은 먼저 발해사를 연구하고 발해를 중국의 지방정권이라고 주장하였다. 이제는 본격적으로 고구려사를 왜곡하고 있다. 최근에 중국은 고구려 유적을 발굴하고 그들 나름대로 연구하여 고구려가 자국의 역사라는 억지 논리를 펴고 있다.

어제 호태왕비 앞에서 중국인 안내원의 설명을 들었다. 그때 다시 한 번 국가 관계는 힘의 논리가 작용한다는 것을 절실히 깨달았다. 지금 중국은 여진족이 할거하던 만주까지 세력을 확장하여 봉금지대, 즉 레지선 안에 있던 통화, 집안, 환인 등을 점유하였고 머지않아 북한 지역에도 침투할 것이다. 이는 우리가 아무리 명분을 따지고 평화를 외쳐도 그 바탕이 되는 힘이 없으면 강대국에게 역사와 영토를 송두리째 빼앗길 수 있다는 사실을 깨닫게 해준다. 나는 과실에 침투하여 과육(간도)을 다 갉아먹고 이제 그 속살(북한)마저 먹으려(손에 넣으려)는 중국의 의도를 분명히 인식하였다.

날이 개어 3시 40분에 지프를 타고 백두산에 올라갔다. 천문봉에서 천지를 구경하고 40분 뒤 내려왔다. 온천관광 호텔에서 온천욕을 한 다음 저녁식사를 하였다. 식사 후 2시간에 걸쳐 토론을 하고 방에 들어왔다. 나는 방에서 가이드, 서울시청 직원, 백유선 씨와 함께 백두산 머루주를 마시며 이야기로 밤을 지새웠다.

8월 9일

6시에 이도백하를 떠나 연길로 향했다. 2시간 뒤 연변 지역에 접어들었다. 마치 우리나라의 70년대 농촌을 보는 듯한 마을이 나왔다. 마을에는 한글과 한자로 쓴 조선족 식당 간판들이 더러 보였다.

1천만 인구를 가진 만주족은 언어와 문자를 잃고 한족에 동화되었다. 그러나 조선족은 고구려와 발해의 옛 영토인 간도 땅에서 우리말과 글을 사용하며 우리 문화를 이어오고 있다. 중국의 소수민족 중 유일하게 제 민족의 언어와 풍속을 지키며 살아온 이들이야말로 진정한 우리 동포이다.

휴게소에서 잠시 쉰 다음 다시 출발하였다. 가이드의 설명이 이어졌다. 중국에는 약 200만 명의 조선족이 있는데 이들은 길림성 118만 명, 흑룡강성 45만 명, 요령성에 23만 명이 살고 있다. 대부분의 조선족이 거주하는 길림성의 연변자치주는 6개의 시와 읍으로 이루어져 있다. 연변은 1952년 9월 3일 당시 조선족이 인구의 62%를 차지하여 조선족의 자치구가 되었다가 1955년에 자치주로 강등되었다. 연변은 면적이 4만 2,700㎢이고 인구는 한족이 56.6%, 조선족이 41%, 기타 소수민족이 2.4%이다. 총 인구 217만 중에서 81만 1,800명이 조선족이다. 현재 연변 조선족 인구의 4분의 1이 용정에 살고 있다.

연길시는 인구의 60%가 조선족이다. 연길의 규정은 한글과 한자로 상표 이름을 쓰고, 신문 잡지도 조선글로 출판한다. 조선족은 아이를 2명까지 낳을 수 있으며 조선족 소학교를 다녀야 한다. 이들은 한국 뉴스가 빠르고 정확하여서 한국 방송을 시청한다.

용정은 우리 민족의 첫 이주지이다. 1869~1870년 함경도 지역에 흉년이 들자 조선인들이 이주해 와 이곳에 정착하여 처음으로 벼농사를 짓기 시작하였다. 초기에는 육도구라 불리다가 1886년 봄 여진족이 사용하던 우물이 발견되자 용정(龍井, 용두레촌)이라 이름 지어졌다. 용정은 면적이 2,590.8㎢이고 인구가 26만인데 그 중 조선족이 18만 명으로 70%를 차지하고 있다. 용정에는 일송정, 해란강이 있으며 시인 윤동주의 모교인 대성중학교가 있다.

10시 50분, 버스가 용정 시내에 도착하였다. 연변 동방 곰락원에 들른 뒤 대성중학교에 도착하였다. 학교 교정에 윤동주 시비가 세워져 있다. 일행은 2층으로 올라가 용정중학 역사 전시관에서 설명을 들었다.

조선족 안내원은 이상설이 개인 재산으로 설립한 서전서숙, 은진중학, 정일권 총리가 나온 광명중학교, 대성중학교, 광명여중에 대해 설명해 주었다. 이들 6소중학은 1946년에 용정중학으로 합쳐져 대성중학교 터에 지어졌다.

'윤동주는 1917년 12월 30일 간도성 화룡현 지신사(지금의 용정시 지신향) 명동촌에서 父 윤영식, 母 김용 사이에서 장남으로 태어났다. 1932년 4월 16세 때 은진중학에 입학, 1935년 9월 19세 때 평양 숭실 중학 3학년에 편입, 1938년 서울 연희전문학교 문과에 전입하여 1941년 졸업하였다.

1941년 25세 때 일본 도쿄 릿쿄대 영문과에 다니다가 그 해 경도 동지사 대학에 입학하였다. 그는 1943년 7월 교토대학 송몽규와 함께 독립운동 혐의로 체포되었다. 1944년 28세 때 기소되어 3월 31일, 일본 경도 재판소에서 2년 징역형을 언도 받고 후쿠오카 형무소에 투옥되었다. 1945년 2월 16일, 윤동주는 생체실험 연구대상으로 이름 모를 주사를 맞고 후쿠오카 형무소에서 사망하였다.'

나는 일제에 저항하던 윤동주 시인의 시를 떠올리며 성금을 내고 나왔다.

12시 20분, 버스가 룡봉교를 건널 때 차창 밖으로 일송정이 보였다. 일송정은 용정 시내에서 4km 떨어진 비암산에 있다. 일제시대 때 산봉우리에 정자 모양의 소나무가 있었는데 일제가 그 소나무에 구멍을 뚫고 후춧가루를 넣어 죽였다고 한다. 그래서

1990년에 소나무가 있던 자리에 정자를 짓고 그 아래에 기념비를 세워놓았다.

룡봉교 밑으로 흐르는 해란강은 두만강에서 합류한다. 선구자 노래 중 '일송정 푸른 솔은 ~한 줄기 해란강은 천년 두고 흐른다'란 구절은 말 타고 선두에 서서 일제와 싸우던 독립군의 기상을 말해준다.

간도는 우리 민족의 독립운동 발원지이다. 간도는 1880년 회령부사 홍남주가 처음 언급하였고 1902년 간도 관찰사였던 이범윤이 공식적으로 사용하였다. 일제시대 때 많은 애국지사가 이곳으로 건너와 일본군과 싸웠다. 화룡시에서 청산리 전투, 투먼시에서 봉오동 전투가 대표적이다.

점심식사 후 1시 20분에 도문을 향해 출발하였다. 30분 후 버스가 제동, 광소, 광종(光宗)을 지날 때 오른쪽에 북한이 보였다. 곧이어 선구촌에 이르렀다. 2002년 조선족이 한국인 관광객을 위해 선구촌에 '사잇섬 간도(間島)'라 쓰인 비석을 세웠다. 그런데 비석을 세운 지 1년도 안 되어 중국 당국에 의해 깨뜨려져 그대로 방치해 두고 있다. 그 이유는 한국인 관광객이 와서 간도는 원래 한국 땅이라고 주장했기 때문이라고 한다.

선구촌을 지나자 북한의 선전구호가 눈에 띄었다. 왼쪽에 하얀 집들과 논이 보였다. 부여인은 흰 옷을 즐겨 입었는데 그 후예인 조선족도 흰색을 좋아하여 하얀 집을 짓고 산다. 길가 논 옆으로 개울 같은 두만강이 흐른다. 이 땅에는 같은 민족이 살아서 일제 때 자유로이 강을 건너다녔다. 그런데 지금은 작은 강 하나를 사이에 두고 국경선이 그어졌다.

간도는 원래 함경북도 온성군 일대에 있는 두만강 유역의 삼각주를 일컬었다. 그런데 지금은 일반적으로 조선과 청나라 사이에 있는 섬과 같은 땅인(사잇섬, 間島) 옛 만주 일대를 가리킨다. 발해 시대에 많은 조선인들이 동북 지역에, 금 · 원 · 명나라 때는 압록강 북쪽의 요령성에 살았다. 고려 예종 때 윤관이 여진족을 정벌하여 두만강 700리 북쪽에 9성을 축조하고 선춘령비를 세워 경계를 정하였고, 원나라는 고려인들을 다스리기 위해 심양왕을 두기도 하였다. 명나라 초기에도 요동 일대에 수만 명의 고려인이 살고 있었는데 이들은 당시 요동 지역 인구의 30%를 차지하였다. 17세기 초 명 · 청 전쟁 이후 대부분 조선으로 이주하였고 일부 남아 있던 후예들은 청의 봉금정책으로 본계시와 하북성의 승덕시로 이주해 가서 살았다. 그러므로 19세기 말까지 한족이 직접 간도를 지배하거나 살았던 적은 없었다.

청나라는 명을 정복한 다음 백두산 지역에 봉금령을 내렸다. 1709년에는 중국 땅을 측량하여 레지선을 긋고 책문(변문, 국경 검문소)을 설치하였다. 그들은 조선과 청의 경계선 끝이었던 봉성(鳳城)을 고려문으로 불렀다. 따라서 청조 때 간도는 봉금지대여서 어느 쪽에도 속하지 않았다. 1842년 조선은 청에게 봉금지대에 몰래 들어온 중국 유민의 퇴거를 요구하였다. 19세기 후반에 이르러 조선인들이 강을 건너와 땅을 개간하고 살았다. 이때부터 압록강, 두만강 이북의 땅이 백두산을 중심으로 서 · 북 · 동간도로 불리기 시작하였다.

우리 민족이 간도를 먼저 개척했다는 것은 역사적으로 매우 중요한 의미를 갖는다. 연해주에는 1864년부터, 서간도에는 1860

년대부터 이주하여 개척이 이루어졌다. 그리하여 1869년 조선의 강계군수는 서간도를 평안도 행정구역에 편입하여 다스렸다.

1877~1878년 청나라에 기근이 들어 한족들이 이 지역으로 이주하였다. 그래서 1881년 청나라는 길림성의 봉금령을 해제하고 간도를 개간하려고 하였다. 이때 청은 많은 조선인들이 이곳에 거주하고 조선의 행정력이 미친 것을 확인하였다. 그리하여 청은 1883년 조선에 간도 귀속문제를 통보하고 조선인에게 머리를 깎고 청인의 옷을 입고 귀화하라고 하였다.

조선은 1883년 어윤중을 서북 경략사로 임명하여 백두산정계비를 근거로 송화강 상류인 토문강(오도백하)이 경계임을 확인하였다. 또한 어윤중은 두만강 하류의 녹둔도에 살고 있는 사람들이 모두 조선인이라고 정부에 보고하였다. 이에 고종은 녹둔도에 113가구 822명의 조선인이 살고 있다는 내용을 아국여지도에 새겨 넣었다.

1885년 회령에서 이중하 토문 감계사가 청의 덕옥과 감계 담판을, 1887년 2차 조 · 청 국경회담을 하였다. 2차 회담 때 청은 삼지연에서 발원하는 홍단수를 주장하였고 이에 이중하가 두만강 지류인 홍토수로 맞서며 한 치도 물러서지 않자 회담이 결렬되었다. 1900년 러시아가 간도를 불법 점령하자 대한제국은 1902년 이범윤을 북변 간도 시찰사로 보내어 간도를 함경도 행정구역에 편입시켜 관할하였다. 이범윤은 간도에서 500명의 사포대를 조직하여 백두산 남북 100리, 동서 200리 지역에 대해 통치권을 행사하였다.

1905년 일제는 을사조약으로 대한제국의 외교권을 빼앗는다.

1907년에는 용정에 통감부 간도 파출소를 설치하고 '간도는 조선 영토'라고 하였다. 그런데 일제는 1909년 9월 4일, 청과 간도협약을 맺어 만주의 안동-봉천 간 철도부설권을 얻는 조건으로 석을수를 경계로 하여 간도를 청에게 넘겨주었다. 그리고 1945년 일제가 패망하자 잠깐 러시아가 점령했다가 중공군이 들어와 만주국과 간도를 점령하였다. 통일 후 우리가 간도를 되찾으려면 중국의 홍콩, 마카오 반환 전술을 참조할 필요가 있다.

간도 분쟁은 일제의 간도협약에서 비롯되었다. 국제법상 간도 반환 제기 시한이 5년 남았다. 이 시점에 이중하 토문 감계사가 한 말이 생각난다. 2차 조 · 청 국경회담 때 청나라가 군대를 내세워 위협하자 이중하가 "내 목은 쳐도 좋으나 나라의 땅은 한 치도 내놓을 수 없다"고 한 말은 목숨 걸고 나라를 지키겠다는 애국정신의 발현이었다. 이렇듯 우리는 서희가 담판으로 거란에게 강동 6주를 되찾은 것처럼 힘을 바탕으로 한 외교력으로 간도를 되찾아야 한다.

2시가 넘자 개울만 한 크기의 두만강이 나왔다. 북한과의 거리가 500m 남짓 되는 것 같았다. 그때 북한 쪽에 오녀산성 모양의 산이 보였다. "어라, 여기에도 추모가 도읍을 했었나?" 서 교수의 말에 모두 웃었다.

그런데 두만강(521㎞)을 사이에 두고 양쪽이 분명한 대조를 보였다. 중국은 백두산을 개방해서 돈을 버는데 반해 북한은 어렵게 살아간다는 점이다. 가이드 말에 의하면 그녀의 가족은 할아버지 때 북한에서 건너왔는데 북한이 진짜 가난하고 못산다는 것이다. 자신도 그곳에 살라고 하면 하루도 못 있을 거라고 한다. "북한도 앞으로 잘살 날 있을 겁니다." 북한 사투리 섞인 말로 울먹이는 그녀의 말에 가슴이 먹먹하였다. 나는 또 하나의 분단된 조국에 사는 겨레를 생각하고 한숨을 내쉬었다.

창신평을 지나자 초가집들이 보였다. 곧이어 버스는 장암, 마패, 개산을 지났다. 이곳은 북한과 가장 인접해 있어 탈북자들이 건너와 밥을 얻어먹고 간다고 한다. 삼합(三合), 개산둔 지역은 탈북자가 많이 건너온다. 조선족들은 탈북자들을 신고하지 않는데 한족들이 공안에 신고한다고 한다.

2시 30분경 도문(圖們)에 도착하였다. 두만강에는 6개의 다리가 있는데 그중 남양으로 연결된 도문교가 제일 크다. 배급품을 실은 트럭 한 대가 도문교를 건너 북한으로 가고 있었다. 나는 도문교 난간에서 일행이 준 꾸냥(땅꽈리)을 먹은 다음 걸어서 5분이면 갈 수 있는 북한을 바라보았다. 그리고 이 강을 넘다가 총탄에 맞아 숨져간 탈북자들의 슬픈 사연을 생각하며 깊은 시름에 잠겼다.

▼ 도문교에서 바라본 북한 남양시

그들의 피는 강물을 붉게 물들이고 영혼은 별이 되어 밤마다 국경을 떠돌아다닐 것이다.

도문에서 연길로 갈 때 중국 선양시 '동아 연구 중심'의 연구주임 쑨진지가 버스에 탔다. 서 교수가 일행에게 그를 소개하였다. 그를 보자 내 머릿속에 어떤 생각이 스쳐갔다. 고구려사 왜곡이 끝나면 그는 곧 발해사를 연구하여 성터 등 발해 유적을 중국식으로 정비하고 요하 지역의 고조선, 부여사도 찬탈할 것이다.

그렇다. 일제 때부터 시작되어 그 후 일부 한국인과 중국인에 의해 자행되어 온 역사 왜곡은 이제 마침표를 찍어야 한다. 나는 동북공정이 야기하는 차후의 영토분쟁에 대응하기 위해 이른바 중국공정(中國工程)의 일환으로 정주·낙양 등 중국의 고대 도시와 소수민족의 역사뿐만 아니라 고조선, 발해 유적지를 답사해야겠다고 결심하였다.

연길에 있는 북한 상품 전시관에 들렀다가 역으로 갔다. 연길역에서 5시에 출발하는 6인용 객석 열차를 탔다. 나는 창가에 앉아 밖을 바라보며 생각에 잠겼다. 좀 전에 연변 가이드가 한 말이 머릿속에서 떠나지 않았다. 나 또한 북한에 고향을 두고 떠나온 실향민 2세이기 때문이다. 아, 아픈 마음을 달래며 연길을 떠난다.

8월 10일

5시에 기상하였을 때 열차는 개원을 지나고 있었다. 심양에 가까워지면서 평야지대에 방풍림으로 심어놓은 나무들이 창밖으로 보였다. 시장기를 느낄 무렵 열차가 심양 역에 도착하였다. 아시아에서 제일 큰 북심양 역에서 내리자 김해연 가이드가 안내하였다. 해외 풍미 주점에서 아침식사를 한 다음 7시 30분 백암성을 향해 출발하였다.

요령성은 면적이 145,900㎢이고 인구가 약 4천만 명이다. 성도 심양(인구 720만 명)은 면적이 1,100㎢이고 정치, 경제, 문화의 중심지이다. 한때 상하이(1,300만), 베이징(1,200만), 텐진(1,100만)에 이어 중국에서 네 번째로 큰 도시였으나 덩샤오핑의 고향인 충칭이 직할시가 되면서 그 자리를 빼앗겼다.

중국은 56개 민족으로 구성되어 있다. 그중 한족이 92%, 소수민족이 8%를 차지한다. 소수민족은 광서쫭족 자치구에 사는 쫭(壯)족이 1,600만 명으로 1위, 만주족이 1천만 명으로 2위, 그리고 회(回)족이 980만 명으로 3위를 차지한다. 조선족은 인구가 약 200만 명으로 13위를 차지한다. 심양의 서탑가에는 15만 명의 조선족이 모여 살고 있다.

조선족은 중국 국적을 가진 한국인으로 우리말과 우리글을 사용하고 있다. 조선족 학교에서는 주과인 수학, 국어(조선말), 중국어를 배운다. 그러나 우리 민족의 역사를 따로 가르치지 않는다.

지금 시골에서는 젊은이들이 아이를 낳지 않으려 한다. 이 때문에 연변에서 조선족 학교가 폐쇄되고 있으며 최근에는 조선족이 한족 학교에 다닌다고 한다. 더욱이 1980년대 초에 8만 부씩 팔렸던 『연변문학』이 지금은 400권 정도 팔린다고 한다. 이는 1992년 한 · 중 수교 이후 조선족들이 한국으로 들어와 살고 있는 영향도 크다.

8시 30분, 버스가 심수(혼하강) 남쪽인 십리하를 지났다. 산 능선

위에 축조한 백암성이 멀리 보였다. 5분 뒤 버스는 성 아래에 정차하였다. 이제부터 2시간에 걸쳐 백암성을 답사해야 한다.

연주산성 표지석에서 걸어 올라가자 무너진 성벽 아래에 네모난 돌들이 흩어져 있는 게 보였다. 백암성은 요령성 등탑현에 있는데 이 성과 요양의 요동성은 22.8㎞ 거리에 있다. 이 때문에 당 태종은 전방의 요동성을 먼저 치고 그 다음에 백암성, 안시성 순으로 공격해 왔다.

백암성은 석회암으로 축조한 길이 약 2.5㎞의 성이다. 547년 고구려 양원왕 3년에 성을 개축하였고, 4년 뒤 돌궐이 공격해 오자 고흘 장군이 1만 군사로 싸워 적군 1천 명을 베었다는 기록이 있다.

백암산성 남쪽 아래는 태자하가 유유히 흐르고 있다. 태자하는 환인에서 발원하여 요하로 흘러간다. 이 강은 전쟁 초기에 적을 막고 섬멸하는 데 중요한 역할을 하였다. 인근에는 석회암 채석장이 성벽의 100m 앞까지 접근하여 있다.

성벽을 올라감에 따라 성의 윤곽이 눈에 들어왔다. 백암성은 북벽이 거의 완벽하게 남아 있다. "고구려가 산을 의거하여 성이 되었기 때문에 쉽게 함락시킬 수 없다"는 말이 생각났다.

백암성에서 고구려인들의 돌 다루는 건축 기술을 확인할 수 있었다. 성벽은 옥수수 알 같은 돌들을 밑에서부터 가지런히 들여(되물려) 쌓았다. 무덤에서는 아름다운 벽화를, 성벽에서는 돌을 사용한 건축 예술을 볼 수 있었는데 고구려인들은 상무 정신과 함께 예술적인 면도 지니고 있었다.

백암성에는 치가 3개 남아 있다. 치는 고구려가 처음으로 창안

▲ 백암성 북벽

한 것으로 중국에서는 북위 낙양성에서만 발견된다고 한다. 성 밖에 있는 치는 ㅛ 자형으로 싸울 때 측면에서도 공격할 수 있어 3배의 전투 효과를 얻을 수 있다. 안에 있는 치는 성이 무너지는 것을 받쳐줄 뿐만 아니라 계단이 있어 빨리 올라갈 수 있었다고 한다. 백암성의 치에서 돌과 돌 사이의 틈에 하얀 회를 바른 곳이 눈에 띄었다. 이는 성벽을 요 · 금 시대에 수리한 흔적으로 연주성은 요 · 금 시대의 이름이다.

백암성 아래를 걷다가 성벽 위쪽에 약간 패인 돌을 발견하였다. '수 · 당군이 혹은 요 · 금 시대에 적군이 쏜 화살이나 창을 맞은 곳이 아닐까?' 나는 당시 치열했던 전투상황을 상상해 보았다. 수나라 군사에 맞서 성을 사수하는 고구려 군사들의 함성이 들리는 것 같았다. 그러나 이 성은 645년 당태종의 침입 때 요동성이 함락되었다는 소식을 듣고 성주 손대음이 적과 내통하여 항복하였던 부끄러운 역사를 갖고 있다.

나는 성벽 아래로 가서 유심히 살펴보았다. 백암성은 고구려의 대당 전쟁사를 말해 주는 현장이다. 고구려는 전성기 때 강병 30만을 갖춘 동방의 군사 강국이었다. 이에 당태종은 전술과 장비를 새로 갖추고 고구려에 쳐들어왔다. 당군은 지도(地道, 땅을 파는 기구)로 땅굴을 파거나 성벽을 올라가는 운제(雲梯, 사다리)를 설치하였을 것이다. 백암성 앞에 방어시설인 축대의 흔적과 10m 간격으로 다듬잇돌 모양의 돌들이 있었다. 또한 적군의 공격 시 떨어뜨린 듯한 돌과 무너져 내린 돌들이 흩어져 있었다.

성벽 위 움푹 팬 곳을 지날 때 땅 밑이 텅 비어 있는 듯한 느낌이 들었다. '혹시 고구려 군사들의 진지나 참호가 아니었을까?' 큰 돌 2개를 꺼내 보았다. 무너져 내린 아니 돌과 흙으로 메워버린 것 같은 그곳은 용맹스런 고구려 군사들이 지키던 진지였다.

백암성의 내성 안에 장대가 있다. 일행은 내성 안에 들어가 장

▼ 백암성 장대

대에서 서 교수의 강의를 들었다. 장대가 있는 성을 내성 또는 아성(牙城)이라 하는데 '아성이 무너졌다'는 말은 여기서 나온 것이다. 현재 고구려 성 중 3개의 아성이 남아 있다고 한다.

설명을 듣고 난 후 나는 장대에서 화살촉이라도 찾으려고 발밑에 흩어진 돌멩이들을 살폈다. 그러다가 5분의 1 정도 남은 동전 조각을 발견하였다. '동전이 왜 여기서 발견되었을까. 수·당 전쟁 당시, 아니면 요·금 시대의 것일까?' 어쩌면 이것은 고구려 멸망 이후 이 성의 역사를 말해 주는 단서가 될지 모른다. 그래서 화폐를 돌 위에 얹어놓고 사진을 찍었다.

나는 장대에서 풀이 무성한 내성을 살펴보았다. 파괴된 성벽 안에 있는 반반한 돌들과 시설물들, 정녕 이것은 우리의 선조가 수·당이라는 외적을 막기 위해 영류왕 때부터 축조한 천리장성인 부여성–비사성(부여성-신성-개모성-요동성-백암성-안시성-건안성-비사성)의 방어선이 아닌가.

고구려는 수나라와 전쟁할 때는 수군(水軍)의 활약이 컸지만 당과 전쟁할 때는 수군의 활동이 거의 보이지 않는다. 백제 멸망 때도 왜 가만히 보고만 있었을까. 남생의 투항과 지도층의 내분, 또는 거듭된 여·수, 여·당 전쟁으로 국가 경제가 피폐해졌는지 모른다. 그래서 고구려는 당나라 이세적의 수·륙 50만 군과 신라 김인문이 이끄는 27만 군사의 협공을 받아 1년간 저항하다 668년 9월 평양성이 함락되면서 패망하였다. 건국 초기부터 한나라에서 시작해 수·당에 이르기까지 중국의 여러 왕조를 상대로 싸워온 고구려는 당나라가 아니라 신라와 당의 연합군에게 망한 것이다.

나는 백암성의 장대에 서서 고구려 선조들이 목숨 걸고 지켜냈던 옛 영토를 바라보았다. 그리고 혼란스런 역사의 소용돌이에 잃어버린 겨레의 옛 땅에서 한탄한다.

민족과 영토는 함께 존재하여 국가를 이룬다. 국가의 흥망성쇠에 따라 그 민족이 사는 터전인 영토가 줄어들고 강역이 늘어나기도 한다. 이것은 오직 국민의 정신력에 기인한다.

인구 1천만인 만주족(고대에 숙신, 읍루, 물길, 말갈족으로 불림)은 금, 후금, 청으로 이어졌다가 망하여 언어를 잃고 소멸하였다. 우리나라는 고조선과 그 이후 부여·옥저·동예 등 열국시대, 삼국시대, 남·북국시대, 고려, 조선으로 이어졌다. 그런데 우리나라 국경은 970여 차례 전쟁을 치르면서 점차 축소되었다. 조선말에는 연해주를, 대한제국 말에는 일제에 의해 간도를 빼앗기고 해방 후에는 국토마저 분단되었다. 이처럼 우리가 영토를 잃어버린 것은 당파 싸움에 몰입하느라 세계정세에 무지했고 지난 역사를 잊어 진취적 기상을 상실했기 때문이다.

심양에 돌아와 곧바로 고궁으로 갔다. 심양 고궁은 청의 첫 궁궐로 1625년에 짓기 시작하여 1636년 완공되었다. 서문으로 들어가자 대정전이 나왔다.

대정전은 팔각형의 건물로 누루하치가 몽고족, 만주족, 한족의 건축물을 융합시켜 몽고족의 텐트인 파오(게르) 형태로 지었다. 이 건물은 결혼식 등 중요행사가 행해졌던 곳으로 3대 순치 황제가 6세 때 즉위한 곳이기도 하다. 건물의 팔각 팔면체는 청대의 팔기제도를 나타낸다. 또한 건물의 노란색은 황제, 푸른색은 만주족(산악민족)을 뜻하며, 두 기둥에는 용 두 마리가 조각되어 있다.

▲ 심양 고궁의 대정전

대정전 남쪽에 양쪽으로 5개씩 건물을 지어 십왕정을 두었다. 십왕정은 팔기군의 근무지로 동서 80m, 남북 길이 195m이다. 여기에는 팔기군이 쓰던 대포, 소총, 각종 활과 의복 등이 전시되어 있다.

'만주족의 활과 화살은 팔기군의 중요한 무기로 활 몸체는 뽕나무, 자작나무, 느릅나무로 만들고 활줄은 비단, 가죽으로 만들었다. 화살은 포플러 또는 버드나무로, 화살촉은 철, 뼈, 목재로 만들어졌다.'

'청태조 누르하치와 청태종 황태지는 유명한 전략가로 마상의 황제(Emperor on horse)로 평가받는다. 1583~1644까지 그들은 중요한 10가지 군사행동에 들어가 청나라를 세웠다.'

임진왜란이 없었다면 청나라도 존재하지 않았을지 모른다. 그리고 7년 전쟁을 겪은 조선이 정묘호란 때 활로 무장한 3만의, 병

▲ 궁 내부 모습

자호란 때 12만 청군의 침입을 막지 못한 것이 그저 놀라울 뿐이었다. 청태종이 지은 숭정전을 본 다음 후원 2층으로 올라가다가 안내문을 읽었다.

'2층의 궁은 2부분으로 나누어진다. 황제 황태지와 그의 왕비가 쉬고 목욕하고 치장했던 동쪽 끝은 Hot house라 불린다. 그리고 두 궁은 북쪽과 서쪽에 침대를 갖고 있다.'

'서궁은 4개의 작은 방으로 되어 있다. Hai Lanzhu는 몽골리아 부족 Kerqi 출신이다. 1632년 26세 때 황태지와 결혼하여 사랑을 받았다. 1637년 그녀는 아이를 낳았으나 그 아기는 6개월 후에 죽었다. 후궁 Chen은 슬퍼하다 33세 때 병으로 죽었다. 그녀는 사후 후궁 Min Hui Gong He Yuan 칭호를 수여받았다.'

또 '2층 연상궁은 후궁 Bete. Ma. Zao가 살았던 침실이다. 그녀는 처음에 몽골리아 왕 Lin Danhan의 아내였다가 황태지와 결

혼하였다….'

청의 황제는 세력을 확장하여 영토를 넓히고 각 부족의 여자와 몽골왕의 아내를 후궁으로 삼았다. 요즈음 친일파 따지는 사람들은 여기서 흥하고 망하는 나라의 역사가 어떠했는지 알아야 한다.

▲ 서탑

나는 궁중 여인들이 심양의 경치를 구경하며 놀았던 봉황루를 보고 고궁에서 나왔다.

3시에 신세계 호텔로 돌아와 쉬었다. 5시 30분, 버스를 타고 서탑으로 갔다. 심양에는 동탑, 서탑, 남탑, 북탑 등 네 개의 탑이 있는데 이 네 탑의 거리는 똑같다고 한다. 버스에서 내려 서탑을 보며 칠성식당으로 갔다.

칠성식당은 개업한 지 1개월 되었다고 한다. 나는 무대가 설치된 쪽에 앉았다. 무대 뒤에 걸려 있는 금강산 옥류담 화폭이 눈길을 끌었다. 7시 20분에 공연이 시작되었다. 이곳 접대원들은 북한 고위층의 딸로 3년 기한으로 일하고 있다고 한다. 먼저 2명이 나와 '반갑습니다'를 불렀다. 노래가 끝나자 한복 입은 여자 둘이 나와 곤봉춤을 추었다. 그중에는 우리 테이블을 담당하였던 접대원도 있었다. 그녀는 이어 아리랑을 부르며 노래에 맞춰 춤을 추었다. 마지막으로 상냥한 인상의 여자가 나와 '다시 만납시다'를

▲ 북한 식당 공연

부르고 공연이 끝났다.

그때 한국인 단체손님이 식당으로 들어왔다. 이들을 보고 서길수 교수가 공연을 10분 연장시켰다. 그래서 북한 접대원들은 '아침이슬', '우리의 소원'을 추가로 불렀다. 노래가 끝나자 일행은 북한 공연단원들과 기념사진을 촬영하였다.

나는 그중 '다시 만납시다', '우리의 소원'을 가장 열정적으로 불렀던 가수와 기념 촬영을 하였다. 필름이 떨어져 60위안을 내고 찍었더니 즉석사진 2장을 주어 한 장씩 나눠가졌다. 나올 때 그녀가 내 명함에 '통일되는 그날 다시 만나요. ○○○'라고 적어주었다. 나는 또박또박 써내려 간 그녀의 글씨를 읽었다. 통일되는 날 다시 만나자고? 그런데 그날이 언제나 올까. 그녀의 필체는 그녀에 대한 어떤 연모의 정과 함께 동포의 정을 느끼게 하였다.

나는 여기서 마음속으로 가슴 아프게 외친다. 자나 깨나 우리 겨레가 반세기 동안 간직해 온 한 가지 소망이 있다면 그것은 바로 통일이다. 우리는 광복 후 분단과 한국동란, 그리고 휴전으로 인한 가족의 생이별에 울어야 했고 이념 논쟁으로 상처받은 조국에서 50여 년간 고통의 나날을 견디어 왔다. 통일이 얼마나 간절한지는 이산가족의 슬픈 사연과 상봉의 기쁨이 말해준다. 그러기에 통일은 어떤 값진 보석과도 바꿀 수 없는 우리 겨레의 소중한 꿈이다.

북한 주민은 지금 생계조차 어렵고 연변에서 중국, 한국, 북한의 눈치를 보며 사는 조선족은 그 인구가 점차 감소하고 있다. 그러나 조국이 통일되면 북한과 연변의 우리 겨레가 함께 잘 살 수 있다. 통일을 이루는 과정이 힘들고 험난할지라도 온 겨레가 하나 되어 정성을 다해 우리의 힘으로 반드시 통일을 이루어야 한다.

나는 통일이 된 듯한 분위기 속에서 한동안 자리를 뜨지 못했다. 자랑스러운 우리 겨레 남, 북한, 조선족이 잠시나마 하나 되어 만나는 곳, 심양의 서탑가에 있는 칠성식당에서 우린 같은 피를 나눈 하나의 겨레임을 확인하였기 때문이다.

옛 고구려 땅에서 되찾은 민족혼은 내 가슴속에서 꿈틀거리며 용솟음치고 있었다. 나는 조국을 위해 할 수 있는 것은 결코 피하지 않겠다고 다짐했다. 그리고 북한 동포가 우리와 함께 행복을 누릴 수 있는 통일의 그날까지 오늘도, 내일도 고통스럽고 힘든 길을 걸어갈 것이다.

칠성식당을 나올 때 북한 접대원들이 배웅 나와 손을 흔들었다. 나는 웃으며 작별인사를 하고 버스 있는 곳으로 걸어갔다.

제7편

오키나와 여행기

유구국의 역사와 풍물

〈서 문〉

오키나와에 관심을 갖게 된 계기는 유구국이 중국에 이어 우리나라의 두 번째 교역국이었고 홍길동 유적이 있는데다 삼별초의 이주가 이 나라 건국에 기여했다는 설이 흥미를 끌었기 때문이다. 또한 일제 말 아버지가 광성고보 졸업 후 오키나와전에 투입될 거라는 정보를 듣고 평양 훈련소에서 훈련받다 1945년 4월 하수구로 탈출했던 무용담이 오키나와에 가게 하였다.

유구국(琉球國) 즉, 오키나와는 우리나라와 중국, 일본의 중간에 위치한 나라였다. 그래서 1429~1879년까지 450년간 중국, 일본, 동남아시아 등과의 중계무역으로 번성하였다. 우리나라에는 고려 말부터 조선 중기까지 50여 회 이상 사신을 보내왔고 임란 이후에는 표류인을 돌려보낸 기록이 남아 있다. 나는 사라진 유구국의 역사를 통해 잃어버린 우리의 민족정신을 되찾아야 한다고 생각했다.

조선이 남방의 독립국이었던 유구국과 오랫동안 교류관계를 맺어 온 이유는 무엇일까. 1816년 영국의 라이라 호 함장 바지르 홀

대좌는 영국대사를 중국에 호송하고 돌아오다 나하에 40일간 머물렀다. 그리고 본국으로 돌아가 이를 토대로 『류큐 탐험 항해기』를 써서 유구국의 무기 없는 평화를 소개하였다. 이처럼 유구국이 평화를 사랑하는 나라였기 때문이다.

우리나라와 유구국과의 외교관계는 박위가 쓰시마를 정벌했던 1389년 고려 창왕 1년 때부터 시작된다. 『고려사』에 의하면 '고려 창왕 원년 8월, 남쪽 섬나라인 유구국의 중산왕 찰도(察道)가 고려에 사신 옥지(玉之)를 보내왔다. 사신은 신하를 자칭하고 왜구에게 붙잡혀간 조선인을 돌려보내고 그 나라 특산물인 유황 300근, 소목 600근, 후추 300근, 갑(甲) 20부를 바쳐왔다'고 한다. 고려는 사신을 극진히 접대하고 전객령 김윤후를 유구국에 보빙사로 보내어 답례하였다.

유구의 중산왕은 태조 원년과 1397년 태조 6년 8월, 조선에 사신을 보내어 호초(胡椒), 향료, 사탕, 소목(蘇木), 쇠뿔 등의 남방 물품을 바치고 비단, 명주 등을 받아갔다. 이것은 무로마치 시대에 일본의 쇼군 아시카가 이에모치가 1414년 12월 유구국왕 쇼시쇼(상사소)에게 '유구국왕의 서한과 진상물을 확실히 수령했다'고 보낸 답서의 기록보다 앞선다. 그런데 남방물품 중 호초가 고추의 임란 이후 전래설을 부정한다는 연구가 있는데, 고추는 1493년 스페인에 전래되어 임란 이전 유구를 통해 들여오지 않았나 생각된다.

1416년 태종 16년, 조선은 유구국에 사신을 보내 왜구에 붙잡혀간 조선인 44명을 쇄환하였다.

1431년(세종 13년) 11월, 유구국은 속향, 후추, 오매목을 보내왔고

1458년(세조 4년) 3월에도 사신을 보내왔다. 1462년(세조 8년)에는 유구국 사신 이계손이 미인주(美人酒)와 천축주(天竺酒, 야자수 액을 발효시켜 만든 증류 술)를 가져왔다.

미인주는 미반(米飯)으로 만든 술로 유구국에서는 제주로 사용했다. 이 술은 15세 처녀들이 씹어 뱉은 쌀로 만든다 하여 미인주라 이름 붙여졌다고 한다.

1471년(성종 2년) 11월, 1477년(성종 8년) 6월, 1480년(성종 11년) 6월에도 유구국 왕사(王使)가 조선에 왔는데 1492년(성종 23년) 3월, 조선은 유구국 왕에게 대장경 1부를 보냈다.

1500년(연산군 6년) 11월, 유구국 사신이 조선에 오자 왕은 다음 해 성희안으로 하여금 유구국 사신에게 그 나라의 인물, 풍토 등을 묻게 하여 신숙주가 지은 『해동 제국기』의 〈유구국기〉에 넣었다. 〈유구국기〉에 의하면 '유구국은 국왕 세습제 국가이고 국도에 돌성이 있다. 국토는 동서가 짧고 남북이 길다. 주변에 여러 개의 섬이 있는데 왕은 36개의 섬을 통치하고 있다. 이 나라의 특산물은 유황과 사탕이다'라고 했다.

1519년(중종 14년) 3월, 유구국 사신이 조선에 왔다. 1545년(인종 원년)에는 제주도 사람 박손이 표류하여 유구국에 가서 유구국 왕의 후한 대접을 받고 다음 해 돌아왔다. 그리고 1546년(명종 1년) 1월, 윤결은 『유구 풍속기』를, 같은 해 유대용은 『유구 풍토기』를 저술하였다.

1606년(선조 39년) 4월과 1609년(광해군 원년)에 유구국 왕이 사신을 보내어 방물(方物)을 바쳤다.

1638년(인조 16년) 청은 유구국이 사교의 예가 없다고 하며 조선에

압력을 넣는다. 그래서 두 나라의 외교관계는 중단되었지만 비공식적으로 교류하였다.

1663년 김여휘가 표류하여 유구국에 가서 고구마를 먹었다는 기록이 『조선왕조실록』에 있다. 이 고구마는 후에 쓰시마를 통해 조선에 전해졌다. 그리고 1820년(순조 20년) 유구인 5명이 제주도에 표류하여 조선에서 귀환시켰고, 1871년(고종 8년) 9월에 유구인 23명이 전라도에 표류하였다는 기록을 끝으로 유구국은 우리 역사에서 사라진다.

유구국 역사에서 나의 관심을 끄는 것은 삼별초와 홍길동이다. 삼별초는 배중손과 김통정이 진도와 제주도에서 항전하다 1273년 봄에 섬멸되었으나 일부 세력은 오키나와로 갔다는 설이 있다. 그 근거로 진도 용장산성의 연꽃무늬 수막새와 우라소에성의 그것이 매우 닮았고, 슈리성의 돌담이 제주도와 진도 지역의 그것과 비슷한 것을 들 수 있다. 게다가 13세기 후반에 오키나와에 수십여 개의 성이 부쩍 생기고 '계유년 고려와 장조'라 쓰인 기왓장의 발견은 오키나와에 고려인이 왔음을 뜻한다. 또한 진도 근처의 섬 청산도의 장례풍속인 초분과 타마우돈 왕릉의 장례의식이 본질적으로 같다는 점이다.

홍길동은 성종실록, 연산군일기, 중종실록, 선조실록 등 『조선왕조실록』에 도적으로 나오는 실존 인물이다. 이 시기에 유구국 사신이 조선에 자주 왔었다. 그런데 오키나와 본섬 남쪽 이시가키 섬과 미야코 섬에서 홍길동 집단의 유적이 최근에 발견되었다고 한다. 이시가키 섬의 후쿠수토 유적과 미야코 섬의 상비옥산 유적이 바로 그것이다.

홍길동은 1440년(세종 22년) 전라도 장성현 아치곡, 즉 지금의 장성군 황룡면 아곡 1리 아치실에서 홍상직과 그가 총애하는 관기 옥영향(소설에서는 춘섬) 사이에서 태어났다(이시가키지마, 즉 석원도에 있는 야에잔 박물관에 소장된 홍길동 처남 장전대주의 족보에는 1443년에 태어났다고 함). 그는 1460년 활빈당을 조직하여 의적 활동을 하다 김천 황악산에 들어간다. 그곳에서 학조대사에게 병법과 무술을 배운 다음 장영기라는 이름으로 활동한다.

1469년(예종 1년) 10월, 정부가 토벌에 나서자 홍길동은 서남 해안의 섬으로 활동 무대를 옮겼다. 1485년(성종 16년) 11월, 전라도 도사 한건이 강경 진압에 나서자 홍길동 집단은 무장 투쟁으로 맞선다. 1500년(연산군 6년) 10월 22일, 정부의 사면령으로 이들 집단이 자수하고 홍길동은 체포되어 서울로 압송되었다. 그는 강상죄(고위직을 사칭하여 관리를 능욕한 죄)로 의금부에 갇혔다가 그해 11월 남해 3천 리 유배형을 받는다. 홍길동은 2천 명의 무리를 이끌고 12월 5일 하떼루마지마(파조간도)에 상륙하였다.

1501~1503년 홍길동 집단은 이시가키지마(석원도)에 상륙하여 오하마무라의 후쿠수토에 집단 거주지를 조성하였다.

1504년 홍길동은 미야코지마의 추장 나카소네가 무거운 세금을 거두어 주민들을 혹사한다는 소식을 듣고 원주민과 규합하여 그 지배 세력을 몰아내고 상비옥산에 거주지를 형성하였다.

1505~1508년에 홍길동은 구메지마(久米島)에 상륙하였다. 그는 섬의 추장 마다후쓰를 몰아내고 적으로부터 방어하기 쉬운 조선 양식의 성을 축조하였다.

홍길동 집단은 유구국에 붉은색의 고려기와(삼별초), 직경 2m의

줄로 하는 나하의 줄다리기, 택견, 탈춤, 서낭당제, 축성술, 쌀(볍씨), 대나무(시누대), 무궁화, 해동통보(고려시대) 등을 전했다. 그리하여 하떼루마지마에는 '홍길동 도래 기념비'와 홍길동 처남 장전대주의 '영웅기념비', 그리고 홍길동이 어머니와 이별하고 석원도(이시가키섬)에 진출한 것을 기념하는 '모자 이별 제단'이 있다.

야에야마 제도의 이시가키지마에는 홍길동 집단이 거주했던 후쿠수토 유적이 있고 홍가와라(洪家王)의 사당이 건립되어 있다. 홍가와라는 오야케아까하치라고도 불리는 인물로 1500년 민중을 규합하여 민권 운동을 전개하였다고 한다. 그래서 1953년 오키나와현 교육위원회는 섬에 '홍길동 추모비'를 건립하였다. 홍길동 부인 고을노는 미질 좋은 조선쌀(볍씨)을 오키나와에 가져갔다. 그래서 지금도 벼 수확 후에 풍년제(안가마 축제 : 음력 추석)를 지내고 그녀를 풍요의 여인으로 추앙하고 있다. 야에야마 박물관에는 조선의 농기구와 화폐, 홍길동 처남 장전대주의 족보가 소장되어 있다.

미야코지마에는 조선에서 온 사람이 섬을 정벌하고 류큐 열도에 나라를 세웠다는 전설이 있다. 이것은 상비옥산에 있는 조선 양식의 초가집 8채가 최근에 도래인의 거주지로 밝혀짐으로써 입증되고 있다.

더욱이 그들이 거주하였던 구지천성에서 고려청자, 조선백자, 조선의 화강암으로 만든 선박용 닻, 그리고 해동통보(고려 숙종 때 주조)와 용봉통보(원나라 말기의 홍건족 화폐)가 발견되었다. 그런데 한곳에서 고려와 조선시대 유물이 발견되고 있는데 이것은 삼별초가 살았던 지역에 홍길동 집단이 와서 유구국을 지배한 사실로(1500~1612년) 추정된다. 따라서 홍길동의 활약 시기에 유구국 사신의 잦은

왕래와 장전대주의 족보 및 유적 등으로 볼 때 홍가왕은 홍길동 집단임이 분명해진다.

『홍길동전』의 '남쪽 한가운데에 율도국이란 나라가 있으니 비옥한 들판 수천 리는 참으로 하늘이 준 부고의 나라라 길동이 매양 뜻을 둔 곳이다. 그가 여러 사람을 불러 말하기를 내 이제 율도국을 치고자 하니 그대들은 마음을 다하라'란 구절이 생각난다. 그리고 홍길동이 무리를 이끌고 파조간도에 상륙하여 섬들을 개척한 부분에서는 가슴까지 설렌다. 이는 우리 민족이 진취적 기상과 함께 개척정신을 가진 해양 민족으로서 세계를 내다보았음을 말해준다. 그런데 요즈음 자주정신을 상실한 세력들이 등장하여 대한민국의 역사와 정통성을 부정하고 있다.

대한민국 현대사는 광복 후 군정을 거쳐 이승만 박사가 초대 대통령이 되어 건국함으로써 시작되었다. 그는 미국에서 유학을 하며 민주주의를 배웠고 이를 한국에 적용한 최초의 지도자였다. 이것은 4 · 19 혁명 이후 국민의 뜻에 따라 하야한 것을 보면 알 수 있다. 그런데 최근에 우리의 전통적인 사고방식과 이념이 전혀 다른 자칭 민주화 세력과 운동권들이 등장하여 건국이념을 부정하고 있다. 이들의 단세포적인 사고방식이 지금 국가와 역사, 민주주의 등 사회 전반에 걸쳐 우리를 위협하고 있다. 역설적으로 이들에 의해 대한민국을 건국한 대통령과 경제 성장으로 대한민국의 토대를 튼튼히 한 독재정권, 즉 산업화 세력에 대해서는 어느 정도 잘못이 가려졌다.

그런데 민주화의 공적을 가로챈 자칭 민주화 세력들이 최근에 개혁이란 명분으로 국보법, 호주(적)제 폐지, 친일파 청산을 외치고 나라를 그들의 체제로 만들어가고 있다.

친일파 청산은 자신들은 청렴하고 '친일파는 모두 다 잘사는 기득세력'이란 모순된 논리로 국민을 속였지만 오히려 그들의 부친들이 일제의 헌병 오장과 만주국 경찰 서기였음이 드러나자 '서기는 최단 말직인데 그렇게 따지면 일제시대 숨 쉬고 있었던 이유로 친일파가 되는 격'이라고 반박한다. 이것은 학자들이 연구해야 할 일을 하다 자기가 설치한 덫에 스스로 걸려든 것이다.

호주제 폐지는 남녀평등이란 미명하에 호주제가 일제 때 시작되었다는 가설을 앞세워 주장하고 있다. 이것은 자신 및 그들 부모의 이혼, 재혼 등에 얽힌 호적, 즉 가족사를 숨기기 위한 것이다. 그런데 그들이 주장하는 동거 강조는 『죄와 벌』에 나오듯 공산주의에서 남녀평등을 유도하는 150년 전의 사상이다.

인간의 가치관은 자라온 환경에서 얻어지는데 사고는 언어로, 언어는 행동으로 표출된다. 따라서 이것은 오히려 그들 부모의 가족사에 문제가 있었다는 것을 암시해 준다. 우리는 여기서 하나의 공통점을 발견할 수 있다. 그것은 일제 강점기란 시대적 배경을 이용하고 있다는 점이다.

애매한 시대의 역사의 틈을 파고들어 과거 이야기를 꺼내어 개혁 운운하는 그들의 선동이 큰 힘을 발휘한다. 여기서 우리는 그들이 온고지신이 아니라 과거의 낡은 사고방식으로 이권 싸움을 하고 있다는 것을 알 수 있다. 이 때문에 우리가 일제 강점기의 역사와 당시 상황을 알아야 하는 이유가 성립한다.

나는 구한말에서 한일합방까지의 역사를 읽고 외세의 침입으로 점철된 우리 역사에 대해 가슴 아파한 적이 있었다. 일본은 메이지 유신 초기에 북해도, 쓰시마, 오키나와를 손에 넣어 영토와 바다를 늘렸다. 그와는 반대로 우리는 연해주와 간도를 빼앗기고 지금은 국토마저 분단되었다. 이 상반된 역사적 배경은 우리가 강대국 사이에서 혼자서 동북아의 균형자가 될 수 없다는 것을 말해준다.

우리는 강대국 틈에서 살아남아 통일을 이루어야 한다. 그러기 위해선 일본의 침략으로 점철되어 사라진 유구국 역사를 통해 세계를 보는 안목을 가져야 한다. 한 나라의 존망은 국력에 의해 좌우된다. 유구국 역사는 국가가 흥하면 국민의 평화로운 삶이 보장되지만 망하면 일제 강점기 때처럼 비참한 삶을 살아가야 한다는 것을 말해주고 있다. 그래서 일본에서 유일한 지상전이 벌어진 오키나와에 가게 되었다.

2005년 1월 23일

오후 7시 40분, 인천공항에서 이륙한 비행기는 9시 50분 나하 국제공항에 도착하였다. 10시 30분, 현지 가이드 오용범 씨의 안내로 버스를 탔다.

버스가 58번 국도를 달려 나하 항구에 이르렀을 때 오른쪽에 모노레일이 보였다. 이 모노레일은 2004년 8월 개통된 것으로 나하 공항에서 슈리성까지 이어져 있다.

요미탄손(讀谷村)을 지날 때 차창 밖으로 사탕수수가 보였다. 요미탄손은 오키나와전 때 미군이 상륙하였던 곳으로 지금은 사탕수수를 많이 재배하고 있다.

한 시간 뒤 잔파미사키(잔파곶) 로얄 호텔에 도착하였다. 나는 방에 들어가자마자 침대에 누웠다. 그리고 가이드에게서 받은 『오키나와』 안내 책자를 읽다가 잠이 들었다.

1월 24일

아침에 눈을 뜨고 창밖을 바라보니 에메랄드빛 바다가 보였다. 하늘색 바닷물이 해안가에 밀려와 하얗게 부서졌다.

아침식사를 마치고 나오자 버스 앞에 일렬로 서 있던 호텔 직원들이 인사하였다.

"오하요, 하지메마시테(안녕하세요. 처음 뵙겠습니다)."

오늘 일정은 슈리성, 오키나와 월드(옥천동 왕국촌), 한국인 위령탑(오키나와 평화기념공원), 류큐 유리촌(류큐 가라쓰무라), 나하 국제거리 등 오키나와 남부 관광이다.

오키나와는 일본 최남단의 섬으로 서울에서 약 1,260㎞ 거리에 있다. 오키나와는 섬 전체의 면적이 2,267㎢이고 본섬과 157개의 섬으로 이루어져 있다. 인구는 약 133만 명으로 오키나와 본섬에 120만 명, 미야코지마에 5만 명, 이시가키지마에 5만 명 등 40여 개 섬에 흩어져 살고 있다.

오키나와 본섬은 면적이 약 1,434㎢이고 행정구역이 나하, 오키나와, 나고, 이토만시 등 4개의 시로 이루어져 있다. 본섬의 최남단에서 최북단 헤도미사키(헤도곶, 미군정 때 본토 복귀운동의 거점이었음)까지는 길이가 108㎞이고, 너비는 3~26㎞이다. 현재 오키나와 땅의 10%를 미군이 군사기지로 사용하고 있다.

오키나와에는 3가지 주 업종이 있다. 500만이 넘는 관광객을 위한 산업, 3만 주일 미군에 관련된 업종, 그리고 실업률이 9%여서 정부가 일자리를 주는 도로작업 등 공공사업이다. 중계무역으로 번성하였던 해상왕국이 지금 관광산업으로 사는 것을 보니 감회가 깊었다.

오키나와는 사탕수수를 비롯하여 쌀, 고구마, 파인애플 등의 농작물을 재배하고 있다. 고구마는 오키나와인의 주식이었는데 지금은 돼지의 사료 작물로 쓰이고 있다. 최근에는 미국에서 쌀을 수입하여 벼농사도 쇠퇴하고 있는 실정이다. 오키나와인들은 고야(인도네시아 원산으로 긴 오이 모양인데 맛이 써서 샐러드를 만들어 먹음)라는 채소와 돼지고기를 즐겨 먹는다. 돼지고기는 머리와 삼겹살의 기름을 제거하여 먹는다. 최근 오키나와는 햄버거 등 패스트푸드 영향으로 장수마을의 이미지가 쇠퇴하고 있다.

옛날 류큐인들은 일본과는 다른 민족이었다. 얼굴이 동그랗고 눈이 크며 쌍꺼풀이 진하고 털이 많았다. 언어는 일본과 전혀 다르고 섬마다 방언이 심하였다. 남자는 키가 140~150cm 정도로 작았고 얼굴과 피부는 검은 구릿빛이었다. 이들은 낙천적이어서 여흥을 즐겼는데 현재 오키나와 주민의 70~80%가 원주민이다.

1967년 본섬 남부에서 항천인(약 1만 8천 년 전)의 유골이 발견되었다. 이것은 구석기 시대부터 오키나와에 인류가 살았다는 것을 말해준다. 기원전 4천~3천 년에는 오키나와에 신석기 문화가 전래되었는데 최근에 미군기지 터에서 부산 동삼동 양식의 굵은 빗살무늬토기가 출토되고 있다. 이는 한반도의 신석기 문화가 이미 5~6천 년 전 오키나와에 전파되었음을 말해준다.

중국의 『수서』에는 7세기 초 수양제가 류큐에 원정군을 파견했다는 기록이 있다.

10세기에 류큐는 부족국가 시대였는데 12세기에 이르러 아지(按司, 족장 또는 호족)가 등장하여 각처에 구스쿠라는 성을 쌓았다. 14세기에 류큐는 시마지리 오오자토성의 남산(南山), 우라소에성의 중산(中山), 나키진성의 북산(北山), 즉 3산 왕국으로 정립되었다. 1372년 중산왕 사토는 명나라 주원장에게 사자를 보내 조공을 바쳤다. 그리고 고려에도 사신을 보냈다.

1406년 쇼시쇼(상사소)가 중산왕이 되어 1416년에 북산왕국을 정복했다. 그런데 사시키의 쇼하시가 우라소에 성을 공략하여 중산왕국을 정복하였다. 그는 수도를 우라소에(浦添)에서 슈리(首里)로 옮기고 1429년에 남산을 정복하고 삼산을 통일하였다.

통일 후 1430년 쇼하시(尙巴志)는 중국에 조공을 바쳐 명태조로부터 쇼라는 성과 류큐라는 국명을 하사받는다. 그는 제1 쇼씨 왕조를 창건하고 국호를 류큐국으로 정하였다. 그리고 중국, 사이암, 자바 등 동남아, 조선과의 교역에 힘써 고전음악, 춤, 무용, 문학, 도자기 등을 받아들였다.

1469년 쇼토쿠 왕의 사후 쇼엔이 쿠테타를 일으킨다. 그는 제1 쇼씨(尙氏) 왕조를 붕괴시키고 다음 해 제2 쇼씨 왕조를 창건하였다. 그 뒤를 이은 쇼신왕은 각지의 호족을 슈리성으로 불러 무기를 반환시킨다. 그는 토카라 열도에서 야에야마 제도까지 영토를 늘려 중앙집권 체제를 확립하고 학문과 불교를 장려하였다. 그리하여 류큐왕국은 1429~1527년까지 중국, 동남아, 조선과의 해상무역으로 번영을 누린다.

1591년 도요토미 히데요시는 조선 정벌에 나설 일본군 7천 명의 10개월분 군량미를 쇼네이왕에게 요구한다. 류큐왕은 군량미의 절반을 징납하지만 히데요시의 사망을 명나라에 전해준 이유로 일본의 침입을 받는다. 사츠마번의 가고시마 영주 시마즈(島津, 임진왜란 때 조선인의 코를 가장 많이 베어감)는 1609년 3천여 명의 병력으로 류큐국에 침입하여 싸움 한 번 않고 10일 만에 슈리성과 오키나와를 점령한다. 그는 류큐국을 일본에 복속시키고 쇼네이(尙寧) 국왕과 100여 명의 신하들을 포로로 끌고 갔다. 류큐왕은 2년 반 동안 에도에서 억류생활을 하였다. 이후 쇼네이는 복위되고 류큐는 매년 일본에 사은사(에도 노보리)를 보냈다.

1612년(광해군 4년) 2월, 류큐 세자는 아버지를 구하기 위해 일본으로 떠났다. 가는 도중 제주도에 표류하였는데 제주 목사 이기선이 그들이 갖고 있던 주천석(酒泉石)과 만산장 등을 탐내자 류큐 신하가 보물을 바다에 던져버렸다. 류큐 세자는 죽으며 7언 율시를 남겼다. 이 시는 『택리지』와 『송남잡지』에 나오는데 그의 절명시가 가슴을 아프게 한다.

1623년 류큐국은 중국에서 제당법을 도입하여 흑설탕을 생산하기 시작하였고, 1647년에 이르러 흑설탕 전매제를 실시하였다. 1872년 류큐국은 류큐번으로 되었다.

1879년에 일본은 군대를 이끌고 와서 류큐국을 점령하였다. 그들은 쇼씨 왕조를 폐지한 다음 쇼타이(尙泰王)로 하여금 슈리성을 비우게 하고 그를 도쿄의 후작으로 책봉하였다. 이 '류큐처분'으로 류큐국은 오키나와 현이 되었다.

일본은 류큐를 복속시킨 다음 류큐 고유의 언어와 문화를 금지시키고 그들에게 일본인이 될 것을 강요하였다. 이 때문에 오키나와어(우치나구치)를 쓰는 류큐인들은 가혹한 체벌과 심한 차별대우를 받았다. 또한 칼을 압수하고 무기 사용을 금지시켰으며 가라데, 즉 공수를 배우게 하였다.

2차 대전 말 미군이 오키나와를 점령하고 군정 통치를 하였다. 1950년 미군은 오키나와에 자치권을 주었고 1953년 일본에 류큐 제도 북부를, 1972년에는 오키나와를 전부 반환하였다.

버스는 우라소에를 지나 10시에 슈리성 공원에 도착하였다.

2002년 슈리산성군, 다시 말해 류큐 왕국의 거성이었던 슈리 성터를 비롯하여 구스쿠(성) 및 관련 유산군(슈리성 터, 스누히얀우타키 석문, 타마우돈 왕릉, 시키나엔 별장(1799년), 나키진 성 터, 자키미 성터, 가쓰렌 성터, 나카구스쿠(홍길동 집단이 축조했다고 함)성터, 세이화 우타키 등 총 9개소)이 일본에서 11번째로 유네스코 세계문화 유산에 등록되었다.

류큐 왕조의 상징이었던 슈리성은 14세기 말에 지은 구스쿠(성)의 하나로 추정된다. 1427년에 건립된 안국 산수화 목지기비(安國山樹華 木之記碑 : 오키나와 현립박물관 소장)에 있는 문구로 볼 때 슈리성은 그 이전에 왕국으로서의 형태를 갖추었다고 할 수 있다. 그러나 슈리성은 1453년 왕위 계승을 다투었던 시로, 후리의 난으로 전소되었고, 1660년 실화로 소실되어 당시 국정을 담당했던 쇼우죠우켄(羽地朝秀)의 노력으로 1672년에 재건되었다. 그리고 1709년 실화로 소실되어 1715년에 재건하는 등 2차 대전 때까지 모두 4번이나 소실되었다.

2차 대전 말 일본군은 전망이 좋은 슈리성의 지하에 수도사령부 호(제2군사령부 호)를 지었다. 그리하여 슈리성은 1945년 오키나와전 때 미군의 집중 폭격을 받아 잿더미가 되었다. 그때 우리나라에서 가져간 세계에서 가장 오래된 범종을 포함하여 슈리성에 있던 국보급 문화재 23개가 모두 소실되었다고 한다. 종전 후 미군은 슈레이몬, 벤자이텐도, 엔각사 등을 복원하였다. 그리고 일본은 오키나와 복귀 20주년 기념으로 슈리성을 복원하여 1992년 11월부터 공개하고 있다.

슈리성 관람코스에는 3가지가 있는데 표준코스는 약 1시간 20분 소요된다.

언덕길을 올라가 슈리문 앞에 섰다. 슈리성에는 6개의 문이 있다. 그중 슈리문(슈레이몬)은 류큐의 3대 쇼세이 왕이 중국과 류큐 양식을 혼합하여 1530년에 지은 것으로 16세기 대표적 건축물이다. 중국에서 사신이 오면 새 왕이 슈리문까지 나와서 접대하였다고 한다. 문의 편액에는 수례지방(守禮之邦, 류큐는 예절을 지키는 나라)이라고 쓰여 있다. 슈리문은 2차 대전 때 파괴되어 1958년에 재건하였는데 새로 나온 일본 지폐 2천 엔에 이 문이 도안되어 있다.

슈리문 안으로 들어가자 좌측에 '스누히얀우타키 이시몬(石門)'이 나왔다. 이 돌문은 1519년 쇼신왕(쇼신오)이 창건한 것으로 국왕과 왕족이 외출할 때 여기서 여행의 안전을 기원했다고 한다. 이 문 역시 2차 대전의 피해를 입었다가 1957년에 복원되어 2002년 유네스코에 세계문화유산으로 등록되었다.

언덕길을 내려가자 인공연못과 다리가 나왔다. 다리 왼쪽이 명나라 책봉사의 진언으로 1427년에 만든 연못 류탄(龍潭)이다. 그 오른쪽에 엔칸치(円鑑池)라는 연못이 있는데 안에 작은 섬이 하나 있다. 나는 돌다리(天女橋, 덴조바시)를 건너 벤자이텐도(弁財天堂)로 갔다.

조선국왕 성종은 류큐 2대 쇼신왕(1477~1527)에게 팔만대장경을 보냈다. 쇼신왕은 1502년 엔칸치안의 섬에 벤자이텐도를 지어 대장경을 보관하였다. 그러나 1609년 일본의 침입 때 소실되어 대신 벤자이텐상을 모시고 있다. 벤자이텐도 또한 2차 대전 때 파괴되어 1968년에 복원하였다.

▲ 벤자이텐도(弁財天堂)

벤자이텐도 위쪽에 엔각사(円覺寺跡)가 있다. 엔각사는 1494년 쇼신왕이 지은 절인데 오키나와전 때 파괴되었다. 이 절도 1968년에 미군에 의해 복원되었다.

▲ 엔각사(円覺寺跡)

엔각사에서 북쪽으로 가면 오키나와 현립 박물관이 나온다. 박물관에서는 오키나와의 고대 유물과 류큐 왕조 시대의 미술 공예품 등 오키나와 각지에서 수집한 민속자료 2만 5천 점을 역사, 자연사, 미술 공예, 민속 등 4개 분야로 나누어 보관, 전시하고 있다. 전시물 중에는 계유년(김통정이 이끄는 삼별초가 사라진 1273년 계유년으로 추정됨) 고려 장인이 만들었다는 '癸酉年 高麗瓦 匠造' 명문이 있는 고려기와,

▲ 류우히

만국진량의 동종(1458), 오키나와의 만엽집 『오모시로사우시』 22책, 그리고 1666년 편찬한 류큐국 최고의 역사서 『주잔세이칸(中山世鑑)』도 있다.

엔각사에서 나와 슈리성 쪽으로 걸어갔다. 류큐 왕조 시대에 여성들이 다녔던 북문 쿠케이몬(久慶門)과 쇼신 왕이 창건한 슈리성 정문 칸카이몬(歡會門)을 지났다.

석회암 돌담벽 길을 걸어가자 서천문(즈이센몬)이 나왔다. 이 문은 1470년 쇼엔 왕이 즉위하고 만들었다고 한다. 서천문 우측에 '中山第一'이라 쓰인 비석과 그 아래에 정사각형의 작은 우물이 있다. 이 우물은 용의 입에서 물이 나온다 해서 류우히라 이름 지어졌다고 한다. 우물가의 이끼 낀 돌담벽을 보자 옛 왕국의 영화가 허무하게 느껴졌다.

물시계가 있었던 누각문을 지나 광복문 안에 들어갔다. 슈리성과 그 앞에 스이무이 우타키가 있다. 류큐개벽 신화에 의하면 스이무이 우타키는 신에 의해 만들어진 성지로 본섬 남부에 아마미키요 여신이 내려와 오키나와를 창조했다고 한다.

슈리성(120m)은 동쪽의 정전, 서쪽의 봉신문, 남쪽의 남전, 북쪽의 북전 등 정사각형 구조로 되어 있다. 정전(세이덴)은 14세기 말에 창건되어 류큐 왕정시대 때 국왕의 정무와 예식에 사용되었다. 현재 건물은 1992년 대만산 노송나무를 사용하여 붉은 기와지붕을 입혀 중·일 양식으로 지은 것이다. 이 3층 건물은 오키나와 최대의 목조 건물로 높이가 약 18m, 바닥 면적이 1,200m^2(363평)이다. G8 정상회담이 오키나와에서 개최되었을 때 슈리성 정전 안에서 연회를 열었다고 한다.

남전은 1609년 이후 일본 사신들이 머물렀던 곳이다. 건물 1층은 경비 경호소로 전시실과 기획 전시실로 되어 있고, 2층은 특별전시실로 류큐 왕조 시대의 화려한 미술 공예품을 전시하고 있다.

북전은 정무의 중추기관으로 국가의 중요 안건을 논의하였던 곳이다. 또한 국왕이 즉위하면 새 왕의 취임식과 함께 중국의 책봉사(황제의 사절단)를 환대하였다. 책봉사들은 모두 24회 왔는데 그들은 이곳에서 머물렀다.

▼슈리성 정문 칸카이몬(환회문)

▲ 류큐 왕국 정전

서문, 즉 봉신문은 슈리성의 어전인 정전에 들어가는 문으로 '봉신(奉神)'이라는 편액이 걸려 있다. 문의 좌측에는 약초, 차, 연초 등을 관리했던 출납전이, 우측에는 성 안에서 의식 등을 거행했던 '키미호코리'가 있다.

나는 봉신문 앞 매표소에 가서 800엔을 꺼냈다. 그리고 슈리성에 들어갈까 망설이다 시간 때문에 포기하였다. 대신 매표소 여직원에게 양해를 구해 입구에서 정전을 사진에 담을 수 있었다.

"아리가토 고자이마쓰(감사합니다)."

슈리성 서쪽에 '게이즈이자' 건물이 있다. 안에는 류큐의 전통 악기 산신(三線)과 신공센(進貢船) 모형도가 전시되어 있다.

산신은 14세기 중국에서 전래된 세 줄 현악기로, 몸체는 마두금 모양이고 구렁이 무늬가 몸통을 감싸고 있다.

신공센은 류큐 왕조의 교역선이다. 제주도에서 배가 표류하면 남쪽으로 떠내려와 이시가키 섬에 닿는다. 이는 최보의 『표해록』을 봐도 알 수 있는데 고려시대에 삼별초가 제주도에서 내려온 이유도 이와 같다.

구스쿠(성)의 폐허

'Sho Hasi가 1429년 류큐 왕국을 확립하기 전 각 지역의 왕에 의해 세워진 4개의 구스쿠는 그 당시….' 옛날 슈리 산성 부근에 신분 높은 사람들이 살았다고 한다. 그래서 오키나와는 산을 중심으로 생활권이 형성되어 있다.

슈레이몬 아래에 타마우돈 교쿠료(왕릉)가 있다. 타마우돈은 류큐국의 제2 쇼우씨 왕통의 능묘로, 1501년 쇼신왕(尙眞王, 조선의 기록에는 上眞王으로 나오는데 홍길동 세력을 탄압함)이 아버지 쇼엔왕(尙円王)의 유골을 다시 장례 지내기 위해 만든 것이다. 이후 류큐국에서는 왕족이 죽으면 시체를 타마우돈 중앙의 붉은색 방에 안치하였다. 그 후 시체가 부패하면 시신의 뼈를 씻어 좌 · 우측의 방에 영원히 매장하였다. 역대 국왕과 가족이 타마우돈의 3개의 묘실, 즉 왕과 왕비는 왼쪽(동쪽)에, 왕자와 공주는 오른쪽(서쪽)에 묻혀 있다. 타마우돈도 오키나와전 때 파괴되어 최근에 복원하였다고 한다.

타마우돈은 전라도 초분(草墳)의 영향을 받은 것 같은데 삼별초 근거지였던 진도 용장산성 인근의 청산도에서 지금도 초분이 행해지고 있기 때문이다.

11시에 슈리성에서 나와 오키나와 월드로 향했다. 버스가 킨죠쬬라는 돌판길(돌다다미길)을 지나갔는데 킨죠쬬는 쇼신 왕이 1522년 돌판을 깔아 만든 길로 슈리성의 무사들이 이 길로 다녔다고 한

▲ 류큐 왕국의 슈리성 내부

다. 이 길은 슈리성에서 나하 항구까지 10km에 걸쳐 있었는데 지금은 300m 정도가 남아 있다.

11시 30분, 오키나와 월드(옥천동 왕국촌)에 도착하였다. 동굴 입구에 가자 전통의상을 입은 두 오키나와 여인이 반겼다. "요코소(어서 오세요)." 두 여인과 함께 사진을 찍은 후 계단을 내려갔다.

교쿠센도(玉泉洞)는 1967년 에히메 대학 학술 탐험대에 의해 발견되었다. 이것은 동양 제일의 종유석 동굴로 일본에서 두 번째로 크다. 약 30만 년 전 산호초로 둘러싸여 있던 해역이 융기하면서 동굴이 형성되었는데 총 길이가 약 5km로 그중 890m만이 일반인에게 공개되고 있다.

동굴 안을 걸어가자 종유석과 석순, 그리고 종유석과 석순이 붙어버린 석주가 나왔다. 야리텐조(槍天井)와 승룡의 종(昇龍의 鍾)에 무수한 종유석들이 있다. 이 안에 90만 개가 넘는 종유석이 있다

▲ 옥천동 왕국촌(오키나와 월드)

고 한다. 화석 광장에서 화석들을 본 다음 연못에 이르러 나무다리를 건넜다. 이 연못에는 물고기들과 새우, 붕어, 가재 등 30여 종의 생물들이 서식하고 있다고 한다.

계단으로 올라가자 황금빛의 종유석(황금의 잔)이 나왔다. 황금의 잔은 높이 25m, 폭 25m로 일본 최대의 종유석이다. 이것은 '호박돌'이라고도 불리는데 청록색 빛을 띤 행복의 샘이 흐르고 있다. 커튼 모양의 거대한 종유석군 시보리마쿠(絞의 幕)와 백은의 재(白銀의 才), 그리고 옛 술(아와모리)을 보관하였던 고주장(古酒藏)을 본 다음 에스컬레이터를 타고 동굴에서 나왔다.

100여 종이 넘는 450그루의 과수들이 있는 열대 과수원에서 망고, 파파야, 가주마루 나무 등을 보았다. 류큐무라(류큐민속촌)에서 오키나와의 전통 창고, 도기 공방 등을 보며 공예촌에 이르렀다. 밀집해 있는 옛 민가들 중 유독 한 집이 눈에 띄었다. 그 가옥의

▲ 류큐 왕국의 옛 가옥

담장 문 안쪽에는 또 하나의 작은 담벽(힌뿡)이 있었는데, 옛날 집에 손님이 오면 류큐인들은 이 담벽 뒤에서 옷을 갈아입었다고 한다.

종이 공방, 다옥(찻집), 류큐의 악기를 만들던 삼선(三線) 공방, 오키나와의 귀중한 사료들을 전시한 왕궁 역사박물관을 지나 흑당(흑설탕) 공장에 이르렀다. 사탕수수는 오키나와 남부에서 대량 재배되고 있는데 당분이 많아 매우 달다고 한다. 팸플릿을 읽어 보았다.

'사탕수수를 기계로 짜서 냄비에 담아 끓인다. 농축된 당액을 냉각시킨다. 굳어서 당(糖)이 되면 이것으로 흑설탕, 백설탕을 만든다. -흑설탕 공방'

유구국은 조선에 사탕을 보냈다고 한다. 그래서 사탕수수 즙을 한 잔 사 마시고 에이사 광장으로 갔다. 에이사는 오키나와에서 음력 추석 때 풍년을 기원하는 축제이다. 12시 30분경에 에이사(북춤 축제) 공연이 시작되었다.

"하이사이(안녕하세요)."

두 여자가 나와 산신을 연주하며 노래를 불렀다. 노래가 끝나고 뒤로 물러서자 이어 큰북과 작은북을 어깨에 멘 4명의 남자와 붉은 전통의상을 입은 여자 3명이 나왔다. 남자 4명이 뒤에서 북을 치고 고함을 지르며 이따금씩 휘파람을 불었다. 여자들은 앞에서 춤을 추다가 북소리에 맞춰 동시에 힘차게 발을 내디뎠다. 그리고 "앗사" 하고 후렴을 외쳤다.

다음에 할아버지 탈을 쓴 2명이, 곧이어 붉은 사자가 등장하여 춤을 추었다. 무대 뒤에서는 여자 2명이 계속하여 산신을 연주하였다. 다시 남녀 7명이 나와 큰북, 작은북을 돌리다가 산신 연주에 맞춰 북을 힘차게 쳤다. 그들은 "앗사 앗사" 외치고 힘껏 발을 내디뎠다.

20분 뒤 공연이 끝나고 류큐 고선 전시장에서 실물 크기의 신공센(류큐 왕조 시대의 교역선)을 보았다. 이 배로 오과룡(五瓜龍)이 장식된 류큐국의 나전칠기가 중국에 전해졌다고 한다.

레스토랑 왕국촌에서 식사한 다음 평화기념공원으로 출발하였다.

오키나와 남부 이토만시 동남부에 마부니 언덕이 있다. 이곳은 2차 대전 때 오키나와 최후의 전투 장소였다. 일본은 1944년 3월부터 본토 방어 부대인 오키나와 방어군(32군 사령부)을 창설하고 호를 파는 등 전투 준비를 하였다. 1945년 4월 1일 미 육 · 해 · 공군 54만 8천 명이 오키나와에 동시 상륙하여 일본군과 지상전을 전

▲ 류큐 왕국 고선(신공센)

개하였다. 미군이 5월 31일 슈리를 점령하자 일본군은 마부니 언덕에서 최후의 저항을 하였다. 일본군은 6월 23일, 우시지마(牛島) 오키나와 최고 사령관과 오사(長) 참모장의 자결로 개전 84일 만에 항복을 하였다.

당시 오키나와 전투에서 건물의 90% 이상이 파괴되었고 약 20만 명(200,656명)이 목숨을 잃었다. 일본군은 미군이 여자를 데리고 놀다 잔인하게 죽인다는 악성 루머를 퍼뜨려 오키나와인들의 집단 할복 자결을 유도하였다. 또한 그들은 이토카츠호에서 '우치나구치(오키나와어)'로 말한 오키나와인을 스파이로 몰아 처형하였고, 6월 27일에는 구미도에서 주민들을 학살하였다. 팸플릿에 의하면 일본 측 전몰자 수는 188,136명(일본군 94,000명, 민간인 94,000명)이고 미군은 12,520명이라고 한다.

류큐국이 일본에 편입되어 받은 피해는 엄청난 것이었다. 일본인 희생자의 절반 이상이 오키나와인이었다. 당시 오키나와 본토 인구 40만 명 중 122,228명이 죽었다고 한다. 일제 말 전쟁터로 끌려간 조선인들처럼 류큐인들도 태평양 전쟁으로 비참한 최후를 맞이하였다. 그리하여 오키나와는 1963년 마부니 언덕에 전적 국정 공원을 조성하고 전몰자 위령비를 세웠다. 또한 전쟁이 끝난 6월 23일을 '위령의 날'로 정하였다.

1시 50분, 오키나와 평화기념 공원에 도착하였다. 위령비에는 노산 이은상 선생이 지은 '영령들께 바치는 노래'와 '한국인 위령탑 대한민국 대통령 박정희'라고 쓰여 있었다.

1941~1945년 태평양 전쟁 때 징용 및 징병이라는 명목하에 많은 조선인들이 오키나와에 끌려왔다. 그들은 호와 진지를 파는데 강제 동원되었으며 일부는 전투에 투입되었다. 이 전투에서 15,000명 이상의 한국인이 목숨을 잃었다. 그래서 대한민국은 당시 사망한 한국인의 영령을 모시기 위해 1975년 5월 8일 우리나라 전국에서 가져간 돌로 한국인 위령탑을 세웠다.

한국인 위령탑에 들어서자 일행들의 분위기가 숙연해졌다. 그런데 친일파 진상조사를 주장하고 북한 인권에 반대 서명한 국회의원과 그들 일행 5명이 먼저 와 있었다.

나는 눈살을 찌푸렸다. '여기서 이 사람들을 만나다니…. 영령 앞에 부끄럽다. 이들은 무슨 명분으로 여기에 왔을까.'

나는 위령탑 앞에서 일제가 아니라 오히려 그들의 목적을 위해 일제의 만행을 덮어두고 지금 이 시기에 친일파를 따져 국민을 편 가르고 대한민국을 분열시키려는 저들의 행위에 더 분노를 느

▲한국인 위령탑

꼈다. 그들은 당시의 시대적 상황을 전혀 모르면서 당시 발행된 신문과 작품의 문장 한 줄 가지고 일제시대에 활약했던 문인들을 친일파라고 주장한다. 그리고 자신의 부모도 설마 친일파일 수 있겠냐 하면서 설쳐대다 오히려 그들 부모가 친일파임이 드러난 것이다. 일제 강점기의 역사를 모르면서 단편적 지식을 찾아내 아는 척하다 불 무서운 줄 모르고 불에 덤벼드는 어리석은 나방 같은 그들에게 어찌 선생님을 탓하랴. 일제 강점기는 그렇게 감상적으로, 단편적으로 파악해서는 안 된다.

왜정 말기 일제는 학교 정문에 일왕의 사진탑을 설치하고 학생들에게 절하게 하였다. 그리고 동쪽의 황궁을 향해 궁성요배한 다음, 황국신민의 서사(1937년) '우리들은 마음을 바쳐 천황 폐하께 충의를 다하겠습니다'를 외우게 하였다.

중일 전쟁(1937년) 후에는 조선인 육군지원병 제도(1938)와 국가 총동원령(1938)을 실시하여 강제징용, 징병, 식량공출, 위안부 차출의 발판을 마련하였고 또한 국민징용과 창씨개명(1939년)을 강요하였다. 훈도(교사)는 학교에서 한국말 사용을 금지시켰을 뿐 아니라 전쟁 물자를 만들기 위해 놋그릇, 숟가락 등을 공출하였다. 더욱이 태평양 전쟁(1941년 12월)을 일으킨 다음 국방헌금을 내라는 안내문을 각 가정으로 발송하여 집집마다 돈을 징수해 갔다.

일제 패망 직전 도조 히데끼는 부족한 병력을 충당키 위해 징병제와 학도병제를 실시하였다. 그리하여 일제는 오장(헌병)들로 하여금 집을 수색케 하여 20만 명이나 되는 많은 젊은이들을 붙잡아갔다. 이 때문에 나의 선친도 5년제 평양 광성중학교 졸업 후 1945년 4월, 평양 훈련소에서 훈련받던 중 탈출하여 평원군에 살던 친척집의 3층 골방에서 숨어 지내다 광복을 맞았다.

최근 국사편찬위원회가 미국의 국립 문서 기록 관리청에서 수집한 편지를 〈동아일보〉에서 읽었다. 그 편지는 당시 왜정 말 일제의 수탈 상황을 잘 말해준다. 한 어머니가 일본군대에 끌려간 아들 김명진에게 보내는 그 편지에는 '네가 왜놈의 병정으로 뽑혀간 그 이튿날부터 순사와 면서기 놈들이 날마다 우리 집에 와서 쌀을 뒤지고 빼앗아가고, 배급은 눈곱만큼 주기 때문에 집안 식구, 너의 아버지와 어린 동생 세 사람은 모두 굶어 죽었고 나도 너의 아버지를 따라가겠다'고 적혀 있다.

이처럼 태평양 전쟁 때 우리가 겪은 고초는 이루 말할 수 없다. 당시 오키나와에 조선인 위안부가 1천여 명이 있었다고 한다. 현재 북한에 거주하는 위안부 출신 박영심 할머니(당시 82세, 2006년 작고)의 말에 의하면, 어느 날 일본군이 와서 '식사도 제대로 못한다'며 고깃국을 주어서 먹었는데, 일본군이 '그 고깃국은 요구에 응하지 않은 조선 처녀를 잡아 끓인 국'이라며 껄껄 웃었다고 한다.

나는 눈을 감고 지난 역사를 회상해 보았다. 그리고 유구국 왕세자의 절명시에 화답하려는 듯 생각에 잠겼다. 어찌 사람의 목숨이 소중치 않겠는가. 하지만 이제 와서 우리는 지나간 역사에 대해 증오나 원한을 갖지 않는다. 다만 그 슬픈 역사를 가슴에 새겨 그러한 비운의 역사가 다시 오지 않길 바랄 뿐이다. 그리고 마음속으로 산신을 연주하면서 영령들께 애도의 시를 바친다.

'일제 말 강제 징용되어 머나먼 이역 땅에서 산화하신 영령들이시여. 당신들의 희생으로 오늘 우리가 있음을 우리는 대한민국의 이름으로 감사드리고 슬픈 마음으로 깊이 애도하리라. 한 맺힌

▲ 평화공원에 전시된 어뢰

영혼이시여, 이제 편히 잠드소서.'

일행은 가이드의 제창으로 위령탑 앞에서 묵념을 하고 나왔다. 평화기념 자료관 앞에서 무기와 어뢰들을 본 다음 평화의 비(초석)로 이동하였다. 평화의 비에는 오키나와전 때 숨진 일본, 미국, 대만, 한국인 등 23만 7,318명의 전몰자 이름이 새겨져 있다. 그리고 이곳에서 매년 6월 23일 각명식과 함께 위령제를 지내고 있다.

한국인 전몰자 명단을 새길 때 일본 측은 창씨개명한 이름을 그대로 쓰려고 했으나 우리 측에서 본 이름을 찾아 새겼다고 한다. 초석에 새겨진 명단을 확인하였는데 한국인은 고작 몇 백 명에 불과했다. '조선민주주의 인민공화국: 82명, 대한민국: 51명' 1996년도부터 2004년까지 매년 몇 십 명씩 추가되어 새겨졌다.

평화의 비 옆에 해안 전망대가 있다. 저 동쪽 바다에서 오키나와

▲ 전몰자 평화의 비

인의 조상이 건너왔다고 한다. 동지나해 바람을 마음껏 쏘인 다음 2시 반에 전망대에서 나와 5분 뒤 류큐 유리촌에 들렀다.

류큐 유리촌은 오키나와현 내 최대의 유리 공방이다. 류큐 유리는 100년의 역사를 갖는데 유리 불기 공법으로 만든다. 먼저 유리를 뜨거운 불에 녹인 다음, 이것을 가늘고 긴 파이프에 대고 불면서 여러 가지 형태의 물건을 만든다. 쇼와 초기까지는 램프 등 주로 생활필수품을 만들었다. 그러나 2차 대전 때 폭격을 맞아 공장은 폐허가 되었다. 이후 미군부대에서 나온 콜라, 위스키 병들을 재활용하여 여러 가지 물건을 만들고 있다. 류큐 유리촌에서 아름다운 색상의 컵과 다양한 형태의 꽃병, 주전자 등을 보고 나왔다.

버스가 히메유리(백합) 위령탑을 지나쳤다. 오키나와 현립 제일

여고생과 오키나와 여자 사범대(전문대)생 및 교직원들은 전투가 벌어지자 히메유리 종군 간호부대를 결성하였다. 그러나 일본이 패망하자 자연동굴에 숨어 있었다. 이들은 미군에게 포위당하자 스스로 목숨을 끊거나 포탄의 파편에 맞아 목숨을 잃었다. 이 위령탑은 그때 숨진 204명의 히메유리 부대원을 기리기 위해 세운 것이다.

위령탑 북쪽 즉, 나하시에서 남쪽 5km 지점에 구 해군 사령부호가 있다. 이것은 제32군 사령부의 비밀 지하 해군 본부로 오키나와전 때 일본군 사령관 오타미노루(大田實) 소장과 간부 6명 외 4천 명의 해군 병사가 권총으로 자결함으로써 최후를 마친 지하 터널이다.

팸플릿에 의하면 '길이 1.5km의 지하터널은 사령관실을 중심으로 300m가 일반에게 개방되고 있다. 입구에서 30m 이어진 105개의 계단을 내려가면 통로에 이른다. 호의 터널은 작전실, 막료실, 암호실, 의료실, 발전실, 하사관 병원실, 그리고 사령관실을 지나 출구로 나오게 되어 있다. 약 2,400명의 유골이 터널에서 발견되었으며 벽에 수류탄을 폭파한 흔적과 지휘관의 마지막 말을 기록한 것이 남아 있다.'

나하 국제거리(고쿠사이)에 돌아와 자유 쇼핑을 하였다. 2차 대전 당시 나하의 거리는 미군의 공습으로 초토화되었다. 이에 시민들이 폐허화된 도시를 단기간에 복구하여 미군들은 이 거리를 기적의 1마일이라고 불렀다. 국제거리는 지금 인구 33만 명을 가진 나하의 중심가가 되었다. 현청에서 동서, 즉 아사토(安里)에서 구모지(久茂地)까지 약 1.6km 도로에는 백화점, 토산품점, 음식점 등이 밀집해 있다.

나하시 츠보야 거리에는 20여 개의 도기 공방이 밀집해 있다. 17세기 초까지 나하는 와쿠다 가마에서 만든 무유약의 도자기 아라야끼를 사용하고 있었다. 그런데 1617년 류큐 왕 초청으로 일본의 사츠마 영주는 조선인 도공 3명을 오키나와에 파견하였다. 조선인 도공은 오키나와 도공에게 유약도기 제작방법을 가르쳐 주었다. 그리하여 류큐 정부는 미사토치바나, 슈리다카라구치, 나하의 와쿠다 등 3개소에 있던 도자기 가마를 츠보야도리에 통합하였다. 그 후 조선인 도공 2명은 일본으로 돌아갔고 1명은 오키나와 유부녀를 사랑하여 왕명에 의해 이곳에 정착하게 되었다. 그래서 장헌공의 후손 900여 명이 오키나와에 살고 있다고 한다.

국제거리 토산품 가게에서 외국인의 산신 연주를 들으며 5시까지 시간을 보냈다. 호텔로 돌아와 저녁식사를 하면서 가이드와 이야기를 나누었다.

나하에는 14세기에 류큐 왕국의 기도소로 창건된 오키나와 최고의 절 호국사가 있다. 그리고 나하 서쪽 90㎞ 거리에 구메지마(久米島)가 있는데 이 섬은 2차 세계대전의 피해를 면하여 지금도 붉은 기와집이 잘 보존되어 있다. 일본의 하와이라 불리는 이시가키 섬에는 야에야마 민속촌, 야자수 군락지, 그리고 길이 300m의 동굴이 있고, 미야코 섬에는 인두세석, 홍길동 유적과 히라라시 박물관이 있다. 인구 300명이 사는 다케도미지마(죽부도)에는 고려에서 전래된 빨간 기와지붕의 목조 가옥, 돌담길, 그리고 무궁화가 있다고 한다.

이외에도 아열대 나무들이 원시림을 이룬 이리오모테 섬, 물소

▲ 만좌모

가 끄는 달구지를 타고 다니는 유구지마, 그리고 대만과 인접한 요나구니 섬의 해저에 있는, 인간이 만들었다고 하는 신비스런 유적에 대해 흥미 있게 들었다.

1월 25일

아침식사 때 작은 그릇에 담긴 국수를 소오키 소바(돼지뼈를 고아서

만든 국물에 양념을 한 돼지고기 갈비찜을 썰어 얹어 먹는 국수)라 생각하고 맛있게 먹었다. 특히 미야코지마와 야에야마 제도의 소바는 진한 국물 맛이 일품이라고 한다.

이외에도 두부와 녹황색 야채를 기름에 볶은 요리 고야 찬푸르와 후치바주시이(쑥이 든 죽)를 먹었다. 라후테는 돼지 삼겹살을 생강, 흑설탕, 간장, 아와모리 소주를 넣고 절인 다음 두텁게 썰어 중탕으로 끓인 요리로 한때 류큐 왕조의 궁정 음식이었다고 한다.

오늘 일정은 오키나와 북부 관광으로 오전에 만좌모, 나고 파인애플 농장, 나고 패류 전시관을, 오후에는 해양 박람 기념공원, 츄라우미 수족관, 동남 식물낙원(야자수가 유명)을 관람한다.

9시에 호텔에서 출발하였다. 버스가 북동쪽으로 이어진 서해안 도로로 들어서자 에메랄드빛 바다가 펼쳐졌다. 오키나와는 산호초가 융기한 섬이어서 산호초가 68속 260여 종에 이른다. 이 때문에 바다가 연녹색 또는 하늘색을 띠어 매우 아름답다. 또 해안은 수심이 2~3m여서 큰 배가 들어올 수 없다.

30여 분 후, 나고만에 있는 만좌모에 도착하였다. 해안 산책로를 걸어 전망대로 갔다. 만좌모는 석회암 단애 위에 펼쳐진 천연 잔디 벌판이다. 18세기 초 류큐 국왕 쇼케이(尙慶)가 이곳을 방문하여 '만인(萬人)이 앉아도 족한 벌판'이라고 한 데서 이름이 유래되었다. 그러나 지금은 아다니 나무들로 덮여 있어 잔디 벌판이 적었다.

만좌모 해안은 약 30m 높이의 바위 절벽으로 코끼리 형태를 띠고 있다. 융기한 산호 절벽 아래에 바닷물이 밀려와 바위에 부딪쳐 물보라를 일으켰다. 갯바위의 패인 곳에 고여 있는 코발트색과 연녹색의 물빛이 아름다웠다. 줄로 이어 놓은 연인석을 본 후 만좌모에서 나왔다.

10시 30분, 나고시에 도착하였다. 나고(名護)는 인구 5만의 작은 도시로 이곳에 오리온 맥주 공장과 나고 성터가 있다. 나고 성터는 나고의 역대 아지(按司 : 류큐 삼산시대의 공동체 수장 또는 족장) 가문이 살았던 성이다. 이 성은 고지대에 위치하여 전망이 좋을 뿐만 아니라 벚꽃 축제가 유명하다. 오키나와 벚꽃은 이곳에서 가장 먼저 피는데 1월 말이면 본섬 북부의 시원한 곳에서부터 벚꽃이 개화한다.

잠시 후 파인애플 농장에 도착하여 버스에서 내렸다. 일행은 열대 식물원에서 관상용 파인애플 나무들과 선인장, 양란, 쿠바산 대왕 야자수와 분재 식물들을 본 후 패류 전시관으로 들어섰다.

나고 패류 전시관에는 오키나와 근해에서 채취한 수만 점의 조개들이 전시되어 있다. 조개들은 크기나 무늬, 색상 등에 있어 다양하다. 전시관에서 하트 모양의 조개, 소라, 단풍잎 혹은 부채 모양의 조개, 화살촉 모양의 조개, 도자기 모양의 조개, 그리고 코끼리 코 모양의 조개들을 보았다.

하트 모양 조개는 여성용 목걸이 장식품 같다. 소라는 자연이 빚어낸 예술로 그 모양과 아름다운 색상이 절로 탄성을 지르게 한다. 이렇게 신비로운 색상이 세상에 또 있을까. 소라는 고동색

물감을 들인 때때옷을 차려입은 것 같았다. 소라의 고동색 점무늬는 꼬리 부분으로 갈수록 점점 작아지다 작은 점 하나를 남기고 사라졌다.

단풍 조개는 가을날의 서정적 정취를 물씬 풍긴다. 껍데기의 노랑, 빨강의 색깔에 생기가 감돌았다. '조개야, 너는 왜 내 발걸음을 멈추게 하니. 계절의 변화로 인해 광합성의 작용이 그치고 생명력이 떨어져 단풍잎처럼 곱게 물들었구나!'

아름답고 기이한 조개들이 자꾸 내 발목을 잡았다. 청동기와 화살촉 모양의 조개는 고고학적 관심을 불러일으킨다. 도자기 모양의 조개는 유약을 바른 조선 도기처럼 서민적이고 소박한 예술을 보여준다. 나는 인간의 예술이 오랜 세월에 걸쳐 자연을 모방해 왔다는 것을 깨달았다.

전시관에서 나와 조개 상품 판매점으로 갔다. 일행 몇몇이 조개를 고르고 있었다. 세상에 조개 판매점도 있다니….

나고 파인애플 공장에서는 각종 술과 와인을 판매하고 있다. 오키나와의 유명한 술로는 전통주 고슈, 즉 아와모리 사케가 있다. 아와모리는 1470년 타이에서 들여온 곡주로 류큐 왕조시대의 중요 무역품이었다. 이 술은 쌀을 장기 숙성하여 허브, 인삼 등의 약초를 넣어 만든 것으로 도수가 43도이다. 여행객들에게 인기가 있으며 연수에 따라 값이 비싸다. 나는 이 술이 유구국의 미인주가 아닐까 하고 생각하였다.

오키나와는 파인애플 와인이 유명하다. 그래서 와인 시음 장소를 지날 때마다 한두 잔씩 마신 후 나고 파인앤에서 파인애플 과자와 와인 선물세트를 샀다.

모토부(本部)는 야에다케 벚꽃 축제가 유명하다. 모토부 북쪽에 나키진 조세키(금귀인 성적)가 있다. 나키진 성은 14~15세기 초, 류큐가 난잔(南山), 주잔(中山), 호쿠잔(北山)으로 나뉘었던 산잔시대 때 류큐 북부를 지배했던 호쿠잔 왕이 거처했던 곳이다. 이 성은 오키나와의 고대 성터 중에서 가장 크며 또한 벚꽃 명소로도 유명하다.

복나무 가로수 길을 지나 모토부 어항에 도착하였다. 모토부 앞바다에는 민나지마 섬과 가운데 돌산이 높이 솟은 이에지마 섬이 있다. 해안에 있는 에메랄드 비치를 본 후 해양 박람 기념공원으로 갔다.

해양 박람 기념공원은 일본의 대규모 아열대 공원이다. 오키나와 해양 박람회 부지를 이용하여 조성되었으며 공원에는 돌고래 쇼장, 해양 문화관, 오키나와관, 츄라우미 수족관, 열대 드림센터(나선형으로 된 건물 안에 열대, 아열대 식물들과 3천 개의 난을 분재하고 있다) 등이 있다.

일행은 먼저 이노(오키나와 방언으로 산호초) 레스토랑에서 점심식사를 하고 1시에 돌고래 쇼를 관람한 후 츄라우미 수족관에 들어갔다. 츄라우미 수족관은 심해로의 여행, 쿠로시오 난류로의 여행, 산호초로의 여행 등 세 개의 대형 수족관으로 이루어져 있다. 이 수족관에 약 350종류의 바다생물이 살고 있다고 한다.

1층 심해로의 여행은 오키나와의 심해를 재현한 것으로 세계 최대의 물고기인 진베 상어와 만탕 쥐가오리의 유영을 볼 수 있고, 2층 쿠로시오 난류로의 여행에서는 물가의 생물들을 볼 수 있다. 3층 산호초로의 여행에서는 대규모로 사육하는 산호의 다양한 생태를 볼 수 있으며, 4층 대해로의 초대에서는 동중국해의 따

동남 식물 낙원

뜻한 바닷바람을 즐길 수 있다.

엘리베이터를 타고 3층으로 올라갔다. 먼저 터치풀에서 산호초를 만져본 다음 산호의 바다에서 산호를 관찰하였다. 그리고 수족관 터널에 들어가서 다양한 물고기를 보았다. 밑으로 내려가면서 가시 모양의 지느러미가 있는 열대어, 말미잘, 열대산 곰치류, 대하, 사수어, 속에 가시가 보이는 투명한 물고기, 열대어의 일종, 쥐가오리 등 수많은 바다생물들을 보았다.

오키나와의 담수 생물들을 본 다음 심층의 해로 갔다. 거대한 상어를 전시해 놓은 곳으로 가서 옥수수 알보다 큰 상어의 이빨을 만져보았다. 그 순간, 날카로움이 손끝으로 느껴져 온 몸에 소름이 돋았다. 육지의 왕이 바다에서도 왕일 수 없다. 맹수도 이 상어에게 물리면 꼼짝없이 죽을 수밖에 없을 것이다.

▲ 동남 식물 낙원의 호리병 야자수

두께가 60㎝ 되는 수족관의 아크릴 단면체를 만져보고 대형 수족관 앞 계단에 앉았다. 츄라우미 수족관은 세계에서 두 번째로 크다. 수조는 가로 35m, 세로 27m, 길이 10m이고 무게가 7,500톤으로 규모 면에서 일본 최대이다. 그리고 유리 아크릴은 통유리로는 세계에서 가장 큰 것으로 두께 60㎝, 폭(가로) 22.5m, 높이 8.2m이다. 수조 안에는 대형 물고기들이 헤엄쳐 다녔는데 마치 항공기의 에어쇼를 보는 듯했다. 작은 물고기들이 무리지어 다니

는 모습도 환상적이었다.

동남 식물 낙원은 면적이 약 40만m^2로 오키나와 현 내 제일의 아열대 식물원이다. 식물원에는 동남아, 아프리카, 남미의 열대 식물들이 재배되고 있는데 식물원은 야자원, 열대 과수원, 수상낙원, 곤충 표본관으로 이루어져 있다. 야자원에는 야자수 452종이 있으며, 열대 과수원에는 전 세계의 열대 꽃나무와 과수, 선인장 등 2,500종의 식물들이 있다. 곤충 표본관에는 전 세계의 나비 1천여 종이 전시되어 있다.

4시 10분, 동남 식물원에 도착하였다. 그런데 버스에서 내리자 비가 오기 시작하였다. 입구에서 10m 정도 들어갔을 때 한 여직원이 달려와 가이드에게 뭔가를 이야기했다. 내용인즉 우리에게 1천 엔씩 보증금을 내고 우산을 빌리라는 것이다.

우산을 쓰고 야자나무 가로수가 있는 산책로를 걸어갔다. 산책하면서 도꾸리야시(호리병 야자수), 하와이안 무궁화 등을 보았다. 잠시 후 작은 인공연못에 이르렀을 때 비가 그쳤다. 연못을 내려다보니 물고기들이 수면 위로 떠올라 입을 내밀기에 우산을 접고 연못 앞 고기밥을 파는 곳으로 갔다. 그랬더니 아까 우산을 빌리라던 여직원이 반색하며 "이라사이마세(어서 오세요)" 인사하는 것이었다. 아니, 매표소에서 언제 여기까지 왔을까. 혀를 내두를 수밖에 없었다.

"고레와 이쿠라데스카?(이것은 얼마입니까?)" 나는 고기밥을 2개 샀다. 아가씨가 잔돈을 내밀며 하얀 얼굴에 미소를 지었다. 그녀는 키가 작았지만 동그란 얼굴에 전체적으로 아름다웠다. 또한 구슬 굴러가는 듯한 음성이 한순간에 내 마음을 사로잡았다. "자마타(또 뵙겠습니다)."

다시 1km 되는 산책로를 걸어갔다. 그때 인근에 있는 가데나(嘉手納) 공군 기지에서 귓가를 찌르는 듯한 요란한 비행기 소리가 들려왔다. 그리고 그것은 내 어떤 생각을 흐리게 하였다.

명동식당에서 저녁식사를 하고 호텔로 돌아왔다. 호텔의 대욕탕에서 목욕을 한 후 방으로 들어와 나고산 오리온 맥주를 마셨다. 그리고 좀 전에 비행기 소리가 지워버렸던 생각을 기억해 내려고 애썼다. 어쩌면 나는 그녀에게서 유구국 처녀의 이미지를 떠올렸는지 모른다.

1월 26일

아침식사 후 100엔 숍에 들렀다. 나는 쇼핑할 것이 없어 건물 안을 이리저리 둘러보았다. 버스에 탈 시간을 보려고 했는데 시계가 안 보였다. 아까 잠시 풀어 휴대가방에 넣었는데 아무리 뒤져봐도 없었다.

아버지가 사고 난 날인 1991년 5월 22일, 지현이 데리고 어머니와 은경 누나와 함께 의정부 제일 시장에 갔었다. 그때 누나가 골라준 시계인데 하필 여기서 잃어버리다니….

어쩌면 그것은 운명인지 모르겠다. 그해 겨울 12월, 아버지가 돌아가신 후 지금까지 14년간 애지중지해 오던 시계였다. 60년 전 오키나와전 때 아버지는 이곳에 오지 않아 목숨을 건질 수 있었다. 그 때문에 내가 아끼던 시계를 대신 바치고 가게 된 것일까…. 어쩌면 그 시계는 오늘부터 오키나와 분실물 센터에서 다시는 돌아오지 않을 주인을 기다리게 될지 모를 일이다.

미완의 여정

초판 1쇄 인쇄 2014년 5월 28일
초판 1쇄 발행 2014년 6월 02일

지은이 | 김현규
펴낸이 | 金泰奉
펴낸곳 | 한솜미디어
등 록 | 제5-213호

편 집 | 박창서, 김수정
마케팅 | 김명준
홍 보 | 김태일

주 소 | (우143-200) 서울시 광진구 구의동 243-22
전 화 | (02)454-0492
팩 스 | (02)454-0493
이메일 hansom@hansom.co.kr
홈페이지 www.hansom.co.kr

값 12,000원
ISBN 978-89-5959-394-1 (03980)